新疆维吾尔自治区"天山英才"培养计划教育教学名师培养项目

诗词中的二十四节气

主　编：刘　莉
编写人员：（按姓氏音序排列）
陈　旸　郭家明　郭　娟　江倩倩
孔德仁　李　芳　李鑫川　汤　丽
王　琪　吴　玲　于兰兰　张君宏

苏州大学出版社
Soochow University Press

图书在版编目(CIP)数据

古诗词中的二十四节气 / 刘莉主编. -- 苏州：苏州大学出版社, 2025.1. -- ISBN 978-7-5672-5107-6

Ⅰ. G634.303

中国国家版本馆 CIP 数据核字第 2025HA5835 号

书　　名：	古诗词中的二十四节气
	GUSHICI ZHONG DE ERSHISI JIEQI
主　　编：	刘　莉
责任编辑：	曹晓晴
装帧设计：	吴　钰
出版发行：	苏州大学出版社（Soochow University Press）
社　　址：	苏州市十梓街1号　邮编：215006
印　　刷：	苏州市古得堡数码印刷有限公司
邮购热线：	0512-67480030
销售热线：	0512-67481020
开　　本：	700 mm×1 000 mm　1/16　印张：9.5　字数：137 千
版　　次：	2025 年 1 月第 1 版
印　　次：	2025 年 1 月第 1 次印刷
书　　号：	ISBN 978-7-5672-5107-6
定　　价：	48.00 元

图书若有印装错误，本社负责调换
苏州大学出版社营销部　电话：0512-67481020
苏州大学出版社网址　http://www.sudapress.com
苏州大学出版社邮箱　sdcbs@suda.edu.cn

  本书由教育部刘莉名师工作室、新疆维吾尔自治区"天山英才"刘莉高中语文名师工作室的领衔人刘莉老师组织编写。工作室共有 12 名成员，包括帕米尔名师、地区学科带头人、教学能手、教坛新秀，他们均在一线教学，有正高级教师、副高级教师，也有中级教师，以中青年优秀教师为主体，形成"跨地区、跨层级、跨年龄"的层次梯队，涵盖了不同年龄段和专业背景的教育工作者。这样的多元化组合确保了在教学研究和实践探索上的广泛性与深度。

  工作室致力研究高中语文课堂深度教学，在研究过程中，发现很多学生古诗词鉴赏能力不足，往往停留在浅层学习层面，缺乏对古诗词的深度理解和探究，阻碍学科核心素养的发展。工作室总结多年语文教学一线经验，将二十四节气与古诗词紧密结合，编写《古诗词中的二十四节气》，以践行课标理念，引导学生深度学习，提高审美鉴赏能力，弘扬中华传统文化，坚定文化自信。

  二十四节气不仅是中国古代农耕文化的重要组成部分，还与诗词有着密切的关系。节气反映了自然界的变化规律，也蕴含着丰富的文化内涵，文人通过诗词来描绘节气，赋予节气以诗情画意。本书共分二十四课，每课对应一个节气，内容由三部分组成：关于节气的介绍、与节气相关的两首诗词和学习提示。其中，学习提示主要用来指导学生领会诗词内容，提示学习的重难点（包括内容、结构、写法、语言等诸多方面），提供阅读方法，引导学生深入思考。

二十四课内容，可以安排在二十四节气的时间节点进行学习，一年时间内完成是适宜可行的。编写此书，希望能够帮到有需要的学校和学生。

刘　莉

2024 年 10 月 25 日

目录

001 二十四节气
001 二十四节气歌

002 立春——柳色早黄浅，水文新绿微
008 雨水——好雨知时节，当春乃发生
014 惊蛰——一鼓轻雷惊蛰后，细筛微雨落梅天
020 春分——春分燕来能几日，二月蚕眠不复久
026 清明——清明时节雨纷纷，路上行人欲断魂
032 谷雨——谷雨偏多雨，看山未见山

038 立夏——渐觉风光燠，徐看树色稠
044 小满——夜莺啼绿柳，皓月醒长空
050 芒种——时雨及芒种，四野皆插秧
056 夏至——红瘦绿肥春正暖，倏然夏至光阴转
062 小暑——不怕南风热，能迎小暑开
068 大暑——大暑三秋近，林钟九夏移

074 立秋——云天收夏色,木叶动秋声

080 处暑——处暑天还暑,好似秋老虎

086 白露——白露暧秋色,月明清漏中

092 秋分——暑退秋澄气转凉,日光夜色两均长

098 寒露——袅袅凉风动,凄凄寒露零

104 霜降——霜降鸿声切,秋深客思迷

110 立冬——天水清相人,秋冬气始交

116 小雪——迎冬小雪至,应节晚虹藏

122 大雪——大雪江南见未曾,今年方始是严凝

128 冬至——日照数九冬至天,清霜风高未辞岁

134 小寒——小寒连大吕,欢鹊垒新巢

140 大寒——蜡树银山炫皎光,朔风独啸静三江

二十四节气

春季：立春、雨水、惊蛰、春分、清明、谷雨。
夏季：立夏、小满、芒种、夏至、小暑、大暑。
秋季：立秋、处暑、白露、秋分、寒露、霜降。
冬季：立冬、小雪、大雪、冬至、小寒、大寒。

二十四节气歌

春雨惊春清谷天，夏满芒夏暑相连，
秋处露秋寒霜降，冬雪雪冬小大寒。
每月两节不变更，最多相差一两天，
上半年来六、廿一，下半年是八、廿三。

立春

柳色早黄浅，水文新绿微

......
唐代·白居易

公历2月3日、4日或5日·立春

公历2月3日、4日或5日·立春

立春为中国传统二十四节气之首,通常在每年公历2月3日、4日或5日交节。立,是开始的意思;春,代表温暖和生长。立春的到来,预示着天气转暖,万物复苏。

立春时节,东风送暖,大地开始解冻,冰雪逐渐消融,寒意逐渐消退。冬眠的动物开始苏醒,它们有了生命活动的迹象。河面上虽然还漂浮着一层薄薄的碎冰,但鱼儿已经在水里欢快地游来游去,似乎背负着碎冰前行。这些物候现象标志着春天已经悄然降临大地。

在古代,立春时节,人们会开展一系列丰富多彩的风俗活动,如"吃春饼""挂春幡""糊春牛""佩燕子""点灯笼"等,充满喜庆和欢乐的氛围,表达人们对春天的期盼。

木兰花① · 立春日作

〔宋〕陆　游②

三年流落巴山③道，破尽青衫④尘满帽。身如西瀼⑤渡头云，愁抵瞿唐⑥关上草。

春盘春酒⑦年年好，试戴银幡⑧判⑨醉倒。今朝一岁大家添，不是人间偏我老。

①［木兰花］词牌名。
②［陆游］（1125—1210），字务观，号放翁，越州山阴（今属浙江绍兴）人，南宋诗人。生当北宋灭亡之际，少年时即深受家庭中爱国思想的熏陶。一生中创作诗歌很多，抒发政治抱负，反映人民疾苦，批判当时统治集团的屈辱投降，风格雄浑豪放，表现渴望恢复国家统一的强烈爱国之情。
③［巴山］即大巴山，绵亘于陕西、四川一带的山脉，经常用以指代四川。
④［青衫］古代低级文职官员的服色。
⑤［西瀼（ràng）］水名，在重庆。东西瀼水，流经夔（kuí）州，这里用西瀼指代夔州。
⑥［瞿唐］即长江三峡中的瞿塘峡，其北岸就是夔州。夔州东南江边有关隘，称"江关"，亦名"瞿唐关"。
⑦［春盘春酒］立春日的应节饮馔。传统风俗，立春日当食春饼、生菜，称"春盘"。
⑧［幡（fān）］一种窄长的旗子，垂直悬挂。立春这一天，士大夫戴幡胜于头上，本为宋时习俗，取吉庆之意。
⑨［判］此处与"拚（pàn）"同义，犹今口语之"豁出去"。

汉宫春①·立春日

〔宋〕辛弃疾②

春已归来,看美人头上,袅袅③春幡④。无端风雨,未肯收尽余寒。年时燕子⑤,料今宵梦到西园⑥。浑⑦未办、黄柑荐酒⑧,更传⑨青韭堆盘⑩。

却笑东风从此,便薰梅染柳,更没些闲。闲时又来镜里,转变朱颜。清愁不断,问何人会解连环⑪?生怕见花开花落,朝来塞雁⑫先还。

① [汉宫春] 词牌名。
② [辛弃疾] (1140—1207),字幼安,号稼轩,历城(今属山东济南)人,南宋词人。其词抒写力图恢复国家统一的爱国热情,倾诉壮志难酬的悲愤,对当时执政者的屈辱求和颇多谴责,也有不少吟咏祖国山河的作品。艺术风格多样,而以豪放为主。
③ [袅袅] 随风摇曳摆动的样子。
④ [春幡] 古时风俗,立春日女子用彩纸、金箔或布帛等剪成各种花鸟图形戴在头上,或缀于花枝之下。此风宋时尤盛。
⑤ [年时燕子] 去年南飞之燕。
⑥ [西园] 汉都长安西郊有上林苑,北宋都城汴京西门外有琼林苑,都称西园,专供皇帝打猎和游赏。此指后者,以表现词人的故国之思。
⑦ [浑] 还。
⑧ [黄柑荐酒] 黄柑酿制的美酒。立春日用以互献致贺。
⑨ [更传] 更谈不上。
⑩ [青韭堆盘] 立春日的一种习俗,将韭菜等辛嫩的蔬菜装到五辛盘中。五辛盘是一种传统食物,主要由五种辛辣味的蔬菜组成,"辛"与"新"谐音,有迎春

纳福之意。

⑪[解连环]据《战国策·齐策六》:"秦始皇尝使使者遗君王后玉连环,曰:'齐多知,而解此环不?'君王后以示群臣,群臣不知解。君王后引椎椎破之,谢秦使曰:'谨以解矣。'"此处喻忧愁难解。

⑫[塞雁]往返关塞的大雁。

学习提示

《木兰花·立春日作》是陆游四十七岁任夔州通判时所作,此时的词人仕途屡屡受挫,流落天涯,困顿窘迫。词人描述自己的身体如同飘浮不定的云,心中的愁如同春草,除去还生。下片忽然另起一意,紧扣"立春",在喜庆的饮春酒、吃春盘的习俗中,词人头戴银幡,醉态可掬。悲喜不同的形象,貌似形成对比,实则两幅图画一种情怀,抑郁之情贯穿始终,强颜欢笑,强自宽解年华易老,写出更深一层的悲哀。《汉宫春·立春日》是辛弃疾南归之初的词作,写词人在立春那天的感触。女子头上的春幡暗示春已归,风雨送寒暗指时局的动荡。去年南飞的燕子梦回故都,词人借燕子倾诉收复失地、光复故国的愿望。东风送暖,花红柳绿,词人无心赏景,无心置办应节之物,深恐年华虚度,花开又花落,而失地却未收复。一句"问何人会解连环",道出多少急切与怨尤。

南宋时期的陆游和辛弃疾,生活在同一时代,怀揣同样的志愿,一生致力北伐抗金,收复故土。这两首词是他们在立春时节所作之词,明媚的春光也难以排遣词人内心的忧愁。学生可反复诵读词作,细加品味词人深沉动人的爱国情怀。

雨 水

好雨知时节，当春乃发生

....
唐代·杜甫

公历 2 月 18 日、19 日或 20 日 · 雨水

公历 2 月 18 日、19 日或 20 日·雨水

雨水是中国传统二十四节气中的第二个节气，在每年公历 2 月 18 日、19 日或 20 日交节。雨水节气的含义是降雨开始，雨量渐增。雨水节气的到来给大地提供充足的水分，生命开始复苏。"一夜春雨过，千畦尽成绿。"

此时，中国大地上，南方天气回暖，降雨增多，以毛毛雨为主，草木开始抽出嫩芽，一派春意盎然。而北方仍旧寒风料峭，尚未有春天的气息。

雨水时节，我们会看到有趣的"水獭祭鱼"现象。冰雪消融后，水獭开始捕鱼，并将鱼排列在岸边，像祭祀一样。南雁嗅到了春天的气息，开始北归。黄灿灿的油菜花由南向北次第盛开，桃花、杏花、李花争芳斗艳，花香四溢，散发着春天的魅力。

雨水节气的习俗充满感恩，如"回娘家""接寿"等，流行于川西地区。每当此时，女婿会带着"罐罐肉"和两把缠着一丈二尺红带的藤椅去看望岳父岳母，感谢二老对妻子的辛苦养育之恩，祝福老人身体健康。除此之外，还有"占稻色""拉保保"等习俗，祈求好运和丰收。

绝 句

〔宋〕志南①

古木阴中系②短篷③，
杖藜④扶我过桥东。
沾衣欲湿杏花雨⑤，
吹面不寒杨柳风。

①〔志南〕南宋诗僧，法号志南，生平不详。因诗作《绝句》而闻名，《绝句》被收录在《宋诗纪事》中。
②〔系〕拴、绑。
③〔短篷〕小船。篷，船帆，船的代称。
④〔杖藜〕"藜杖"的倒文。藜，一年生草本植物，茎直立，长老了可做拐杖。
⑤〔杏花雨〕杏花盛开时节的雨。

别严士元[①]

〔唐〕刘长卿[②]

春风倚棹[③]阖闾城[④]，水国春寒阴复晴[⑤]。
细雨湿衣看不见，闲花[⑥]落地听无声。
日斜江上孤帆影，草绿湖南万里情。
东道若逢相识问[⑦]，青袍[⑧]今已误儒生。

①[严士元] 吴（今江苏苏州）人，曾任员外郎之职。诗人与好友严士元在苏州偶然重逢，短暂相聚之后，严士元又要前往湖南，于是诗人写下这首诗以赠别。

②[刘长卿]（约726—约789），字文房，宣城（今属安徽）人，一作河间（今属河北沧州）人，唐代诗人。诗多写仕途失意之感，也有反映离乱之作，善于描写自然景物。风格简淡，长于五言，自称"五言长城"。

③[倚棹] 泊舟，停船。

④[阖闾城] 即苏州城，相传春秋时伍子胥为吴王阖闾所筑。

⑤[阴复晴] 忽阴忽晴。

⑥[闲花] 树上留着的残花。

⑦[识问] 询问。

⑧[青袍] 青色官袍。据资料记载，唐贞观年间，八九品官服为青色。上元年间规定，八品官服深青，九品官服浅青。诗人当时是八九品官员，穿青色官袍。

学习提示

两首诗都是通过细腻的观察和描写，展现春天的景色和诗人的情感。《绝句》记述了诗僧志南早春时节的一次郊游。"古木""短篷""杖藜""杏花雨""杨柳风"巧妙组合，构成了一幅充满生机的春日画面，表达了诗人对春天的热爱。《别严士元》是刘长卿的一首赠别诗。在一个寒冷多变的春日里，诗人与友人在苏州城外告别，表达了诗人与友人相遇又分离的惜别之情，也流露出诗人仕途失意的愁绪。诗中选用了多个意象，"春风"强调时令，"细雨""闲花"紧扣初春的特点，诗人还提到斜日、孤帆、绿草，将眼前之景与想象之景结合起来，渲染浓重的离情。

"一切景语皆情语。"（王国维《人间词话》）写景抒情的诗句往往离不开对意象的巧妙运用。意象是主观之"意"与客观之"象"的完美结合。一般的风景，却有别样的心情。两首诗都写到了风、花、雨，却各有情趣。《绝句》中是"杏花雨""杨柳风"，虽未写色彩，却饱含色彩，能引发读者对"花红柳绿"的想象，雨"沾衣欲湿"，风"吹面不寒"，轻柔而温情，给人以清新明媚之感。《别严士元》中的"春风"带有寒意，雨细得看不见，花落得听无声，营造出悠闲宁静的意境，有清冷之感，与整首诗的情感相契合。

意象是融合了作者主观情感的景物形象。学生反复诵读诗歌，可深入理解意象与情感的联系，领略诗歌的美妙。

惊蛰

一鼓轻雷惊蛰后，细筛微雨落梅天

宋代·舒岳祥

公历3月5日、6日或7日·惊蛰

惊蛰是中国传统二十四节气中的第三个节气，标志着仲春时节的开始。它起初被称为"启蛰"，后更名为现称，通常在每年公历3月5日、6日或7日交节。此时，春雷乍响，唤醒沉睡的万物，气温回暖，雨水增多，南方春意盎然，而北方仍显寒冷。

惊蛰时节有三种物候现象："桃始华""仓庚鸣""鹰化为鸠"，即桃花初绽，黄鹂鸣叫，鹰因喙尚柔而不能捕猎表现出类似鸠的行为（到了秋天，鸠变成鹰，恢复其本来的捕食行为）。这描绘了自然界从冬眠到苏醒的生长变化。桃花、棣棠花和蔷薇等相继绽放，预示着春天的到来，同时农民也开始在田间忙碌。

在民间，惊蛰时节还有"祭白虎""打小人"等传统习俗，寄托了人们祈求平安顺遂的美好愿望。

惊蛰不仅是春季的重要标志，更蕴含着丰富的文化意义和生活智慧，指导我们顺应时节，调整饮食作息，疏肝气、养脾胃，享受健康、和谐的生活。

观田家①

〔唐〕韦应物②

微雨众卉③新，一雷惊蛰始。
田家几日闲，耕种④从此起。
丁壮俱在野，场圃⑤亦就理。
归来景⑥常晏⑦，饮犊⑧西涧水。
饥劬⑨不自苦，膏泽⑩且为喜。
仓廪⑪无宿储⑫，徭役⑬犹未已。
方惭⑭不耕者⑮，禄食⑯出闾里⑰。

① [田家] 农家。
② [韦应物] (737—约791)，字义博，京兆万年（今属陕西西安）人，唐代诗人。唐贞元年间，先后出任江州刺史、左司郎中、苏州刺史，世称韦江州、韦左司或韦苏州。其诗以写田园风物著名，风格恬淡闲远，语言简洁朴素。
③ [卉] 草的总称。　④ [耕种] 泛指种田的事。
⑤ [场圃] 春天用来种菜、秋天用来打谷的地方。
⑥ [景] 日光。　⑦ [晏] 晚。
⑧ [犊] 小牛。　⑨ [劬（qú）] 过分劳苦。
⑩ [膏泽] 贵如油的春雨。　⑪ [仓廪（lǐn）] 储存粮食的仓库。
⑫ [宿储] 存粮。　⑬ [徭役] 古时官府向人民摊派的无偿劳动。
⑭ [惭] 羞愧。　⑮ [不耕者] 做官的人。
⑯ [禄食] 俸禄。　⑰ [闾里] 乡里，泛指民间。

咏廿四气诗·惊蛰二月节

〔唐〕元稹①

阳气初惊蛰,韶光②大地周。
桃花开蜀锦③,鹰老化春鸠④。
时候⑤争催迫⑥,萌芽互矩⑦修。
人间务生事⑧,耕种满田畴⑨。

①[元稹](779—831),字微之,河南(今河南洛阳)人,唐代诗人。曾任监察御史,目击腐败政治,了解民生疾苦,访察官吏不法,由此得罪宦官与权臣,遭到贬斥。与白居易友善,常相唱和,世称"元白"。某些诗歌用乐府形式,对当时的社会矛盾有所揭露。

②[韶光]美好的时光,多指美丽的春光。

③[蜀锦]蜀锦织造技艺是四川传统技艺,成都标志性技艺。蜀锦织造工艺细腻严谨,配色典雅富丽,皆有寓意。

④[春鸠(jiū)]春天的鸠鸟。我国有绿鸠、果鸠、火斑鸠、皇鸠、金鸠、鹃鸠和斑鸠等鸠类动物,其中有15种是我国特有物种。

⑤[时候]春日美好的时光。

⑥[催迫]催促逼迫。

⑦[矩]规则,法则。

⑧[生事]生计。

⑨[田畴(chóu)]田地。

学习提示

《观田家》这首诗描绘了惊蛰时节农村生机盎然的景象及农民劳作不息的辛勤场景。诗歌以细腻的笔触描写了微雨、惊蛰及农忙的开始,展现了丁壮耕田、妇女理场、日暮归来、牵牛饮水的生活画面。尽管农民因春雨滋润而心生欢喜,但仓廪空虚、徭役沉重,生活仍然艰难。诗人对此深感惭愧,同情农民的辛劳,并呼吁更多地关注和改善农民的生活状况,体现了其深厚的人文情怀和对公平正义的追求。《咏廿四气诗·惊蛰二月节》这首诗则描绘了惊蛰时节万物复苏的景象,阳气微动,韶光满野,春意盎然。"惊蛰"唤醒沉睡的大地,桃花盛开如蜀锦,鹰老隐退,春鸠啼鸣,生命交替显现。此时,万物竞相争春,新绿涌动;人间烟火气起,农事繁忙,田畴间劳作的身影随处可见。

这两首诗虽创作背景不同,但都体现了诗人对自然节律的敏锐捕捉和对农耕文化的深厚情感。他们用简练的语言描绘了春回大地的景象,展示了季节更替中的自然美景与农事活动的繁忙景象,同时表达了对劳动者的敬意与同情,以及对自然规律的深刻理解。学生可通过分析两首诗中的关键意象,分享自己对自然节律和农耕文化的认识与看法,体会诗人对劳动者的敬意与同情。

春分

春分燕来能几日，二月蚕眠不复久

....
南北朝·庾信

公历 3 月 20 日或 21 日 · 春分

公历 3 月 20 日或 21 日·春分

春分是中国传统二十四节气中的第四个节气，通常在每年公历3月20日或21日交节。此时，昼夜平分，白昼与黑夜几乎等长，预示着春天的深入和夏天的临近。

春分时节，燕子北归筑巢，雷声渐多，天气转暖，雨水增多。我国大部分地区气温升高，降水增多，阳光明媚。这也是农耕的重要时期，越冬作物开始生长，早稻开始播种，农民需要抓紧春耕和田间管理。

在古代，春分是重要节日，人们祭祀太阳，祈求风调雨顺、五谷丰登，民间还有"放风筝""吃春菜""竖蛋"等风俗。现代社会虽变化大，但春分仍对农业生产有重要意义，也是人们享受自然、感受季节更替的时刻。

春分不仅是具有深厚文化底蕴的传统节气，还是自然界中重要的时间节点，提醒人们关注自然规律，珍惜时光，以积极心态迎接生活变化。

咏廿四气诗·春分二月中

〔唐〕元稹

二气①莫交争②,春分雨处行③。
雨来看电影④,云过听雷声。
山色连天碧,林花向日明。
梁间玄鸟⑤语,欲似解人情。

① [二气] 指阴阳二气。
② [莫交争] 阴阳二气开始平分,不再争夺主导地位。
③ [雨处行] 在春雨绵绵的季节出行。
④ [电影] 闪电的影子。
⑤ [玄鸟] 初始形象似燕子,后演变成有鸡冠、鹤足和孔雀尾巴的凤凰。

春 分 日

〔五代宋初〕徐铉[①]

仲春[②]初四日[③],春色正中分。
绿野徘徊[④]月,晴天断续[⑤]云。
燕飞犹个个[⑥],花落已纷纷。
思妇[⑦]高楼晚,歌声不可闻。

①[徐铉](917—992),字鼎臣,广陵(今江苏扬州)人,五代宋初文字学家、文学家。工诗文,精文字学,曾与句中正等校订《说文解字》。

②[仲春]春季的第二个月,即农历二月。因处春季之中,故称仲春。仲春在中国传统二十四节气中属惊蛰、春分两个节气。

③[初四日]春分这一天。

④[徘徊]彷徨、徐行。

⑤[断续]时而中断,时而继续。

⑥[个个]一只一只。

⑦[思妇]思念远行丈夫的妇人。

学习提示

  两首诗都以春分节气为主题,通过细腻的描写展现春天的美丽与生机。《咏廿四气诗·春分二月中》创作于唐贞元年间,年仅十五岁的元稹因文采出众而名震京师。该诗韵律和谐,诗意丰富,反映了春天的美丽和人与自然的和谐关系:首联概括了春分节气的特点;颔联通过雨中景象和云间雷声展现了视听之美;颈联表现了春天的活力;尾联则通过燕子的叫声表达了人们对美好生活的渴望。《春分日》是五代宋初文学家徐铉创作的五言绝句,以细腻的笔触刻画了春分夜的宁静与生机,通过月光、云彩、燕子和花瓣等意象,展现了春天的美丽与生命的更迭:首联点明春分节气的特点;颔联结合视觉与听觉描绘了月光和云彩的变化;颈联表现了燕子飞翔和花瓣飘落的景象;尾联转向人物情感,表达了思妇在高楼上的孤寂与哀愁。

  两首诗通过云彩、燕子、花等自然元素描绘春分,展现了春天的气息和生命力,反映了古代文人对自然和季节变化的敏感,以及对生命和哲学的思考,赋予了诗歌丰富的文化内涵。学生可通过分析诗中的自然意象,探讨它们是如何构建春分的画面的,体悟中国传统文化和哲学思想,如对自然的敬畏和对生命的尊重。

清明

清明时节雨纷纷，路上行人欲断魂

······················
唐代·杜牧

公历4月4日、5日或6日·清明

公历4月4日、5日或6日·清明

清明是中国传统二十四节气中的第五个节气，通常在每年公历4月4日、5日或6日交节。清明既是节气又是节日，因节令期间"气清景明，万物皆显"而得名。

清明时节，阳光明媚、草木萌动、百花盛开，自然界呈现一派生机勃勃的景象。此时，中国南方地区已呈气清景明之象；北方地区开始断雪，气温上升，春意融融。

清明节，作为中国传统节日，融自然节气与人文风俗为一体，是天时、地利、人和的合一，充分体现了中华民族先祖追求"天、地、人"的和谐统一，讲究顺应天时地利、遵循自然规律的思想。清明节的习俗非常丰富，扫墓祭祖与踏青郊游是清明节的两大礼俗主题，自古传承，至今不辍。

破阵子① · 春景

〔宋〕晏殊②

燕子来时新社③,梨花落后清明。池上碧苔④三四点,叶底黄鹂一两声。日长飞絮⑤轻。

巧笑⑥东邻女伴,采桑径里逢迎⑦。疑怪⑧昨宵春梦好,元是今朝斗草⑨赢。笑从双脸⑩生。

①〔破阵子〕词牌名,原为唐教坊曲名。又名《十拍子》。双调六十二字,平韵。
②〔晏殊〕(991—1055),字同叔,抚州临川(今属江西抚州)人,北宋政治家、文学家。知人好贤,喜奖拔后进,知贡举,擢欧阳修为第一,及为相,范仲淹、韩琦、富弼皆用为执政。一生富贵,地位显要,其词没有柳永吟咏羁旅愁苦之作,也很少有唱和应酬之作,多表现诗酒生活和悠闲情致,语言婉丽,颇受南唐冯延巳的影响。
③〔新社〕社日是古代祭祀土神的日子,以祈丰收,有春秋两社。新社即春社,时间在立春后、清明前。
④〔碧苔〕碧绿色的苔草。
⑤〔飞絮〕飘荡着的柳絮。
⑥〔巧笑〕形容少女美好的笑容。
⑦〔逢迎〕碰头,相逢。
⑧〔疑怪〕诧异,奇怪。这里是"怪不得"的意思。
⑨〔斗草〕一种游戏,也叫"斗百草"。
⑩〔双脸〕脸颊。

清明即事①

〔唐〕孟浩然②

帝里③重清明，人心自愁思。
车声上路合④，柳色东城翠。
花落草齐生，莺飞蝶双戏。
空堂坐相忆，酌茗⑤聊⑥代醉。

① 此诗除《全唐诗》外，诸本皆不载。
②［孟浩然］(689—740)，以字行，襄州襄阳（今湖北襄阳）人，唐代诗人。一生大多在隐居和漫游中度过，故其创作多以田园隐逸、山水行旅为题材，情怀真率，清淡幽远。
③［帝里］京都。
④［合］车声繁杂。
⑤［茗］茶。饮茶之风，似始盛于中唐以后，盛唐时尚不多见。
⑥［聊］姑且。

学习提示

《破阵子·春景》是北宋文学家晏殊所作。词的上片写秀丽的春景。用春燕、梨花、小池、青苔、黄鹂、柳絮这些典型的意象装点春日。飞燕轻捷，梨花灵动，柳絮轻飞，富有生机；池中碧水，石上青苔，叶底黄鹂，色彩明丽；"三四点""一两声"看似实写，实为虚写，凸显春日的幽静和词人赏春的雅趣。词的下片写青春的少女。少女们在这大好春日里，纷纷来到大自然的怀抱，她们采桑、斗草、欢笑、嬉戏，欢快的场景浮现在眼前，又用虚笔再现女伴"昨宵春梦"和"今朝斗草"的生活细节，聪慧活泼的少女跃然纸上。上片生机盎然的春光和下片青春活泼的少女形成十分和谐的画面。

《清明即事》是唐代诗人孟浩然所作。京都的清明节是一个热闹的日子，然而漂泊在外的游子心中却填满愁思。此时，诗人将愁思掩合，转而写"车声上路合，柳色东城翠"，人们倾城而出到东郊去折柳踏青。"花落草齐生，莺飞蝶双戏"，春花飘落，春草齐生，莺飞蝶舞，一派春意盎然！然而热闹是他们的，诗人什么也没有，愁思又浮上心头，只能在空堂中独坐，追忆往事，饮茶代酒，聊以慰藉。堂中的空荡与大自然的欣欣向荣、欢愉的郊游人群与沉思追忆的孤身一人形成鲜明的对比。

"一切景语皆情语"，乐景中抒发乐情则轻松明快，乐景中抒发哀情则更显凄凉，学生阅读时应注意体会。

谷雨

谷雨偏多雨，看山未见山

······················
清代·刘尧熙

公历 4 月 19 日、20 日或 21 日・谷雨

谷雨是中国传统二十四节气中的第六个节气，通常在每年公历4月19日、20日或21日交节，是春季的最后一个节气。谷雨取自"雨生百谷"，此时降水明显增加，雨量充足而及时，谷类作物茁壮成长。

中国古代将谷雨分为三候。第一候为萍始生。进入谷雨后，因降雨增多，浮萍长势迅速，那些平时缺少绿意的水塘、湖畔，浮萍会快速地茂密起来，绿油油地成片，仿佛一块漂在水上的美丽画布。第二候为鸣鸠拂其羽。鸣鸠即布谷鸟，此时布谷鸟开始打探外面的世界，它们抖动浑身的羽毛，按捺不住满腔的热情放声鸣叫。第三候为戴胜降于桑。戴胜鸟有着漂亮的羽毛，头上的羽冠长而阔，呈扇形，像一顶绝美的皇冠。当它站在桑树枝头时，初夏就真的要来了！

民间在谷雨节气有"摘谷雨茶""走谷雨""祭海""吃春""赏花"等习俗。

七言诗

〔清〕郑燮①

不风不雨正晴和②,翠竹亭亭③好节柯④。
最爱晚凉⑤佳客⑥至,一壶新茗⑦泡松萝⑧。
几枝新叶萧萧⑨竹,数笔横皴⑩淡淡山。
正好清明连谷雨,一杯香茗坐其间。

① [郑燮] (1693—1766),字克柔,号板桥,江苏兴化人,清代书画家、文学家。擅写兰竹,为"扬州八怪"之一。工诗词,描写民间疾苦颇为深切。
② [晴和] 天气晴朗,气候温和。
③ [亭亭] 高耸直立的样子。
④ [节柯] 竹节交叉的枝茎。
⑤ [晚凉] 傍晚凉爽的天气。
⑥ [佳客] 嘉宾,贵客。
⑦ [新茗] 新茶。
⑧ [松萝] 即松萝茶。为黄山历史名茶,属绿茶,因产于黄山市休宁县松萝山而得名。
⑨ [萧萧] 冷落凄清的样子。
⑩ [横皴(cūn)] 山水画中的常用技法。有的画家为了简单,把披麻皴、荷叶皴、乱麻皴等中锋用笔的皴法叫竖皴,把斧劈皴、折带皴、马牙皴等侧锋用笔的皴法叫横皴。

书耕隐卷① 后

〔明〕虞堪②

吴下顾家兄弟贤,养亲遗子③力耕田。
暖云谷雨春千亩,斜月犁星晓④一川。
尘市不逢真隐者,桃源忽见即神仙。
年年但愿长丰稔⑤,无吏征租横索钱。

① [耕隐卷] 与农耕和隐居生活相关的文学作品。
② [虞堪] 字克用,号青城山樵,长洲(今属江苏苏州)人,南宋名臣虞允文后人。明初官云南府学教授,卒于任。家藏书甚富,喜作诗,画山水竹石颇具思致。诗效黄庭坚,古体气格颇高。
③ [养亲遗子] 供养双亲和子女。
④ [晓] 天明。
⑤ [丰稔(rěn)] 丰熟,富足。

学习提示

《七言诗》是清代郑燮所作。首联"不风不雨正晴和,翠竹亭亭好节柯"勾勒出一个风和日丽、翠竹挺拔的宜人环境,而此时若傍晚天气凉爽恰巧佳客到来,主人则会泡一壶松萝茶在这份清幽中与客惬意对饮,闲适自如之情溢于言表。近赏新竹冷落凄清,远眺山峦植被葱茏。清明与谷雨间的晴天,此乃良辰;山间清幽宁静,此乃美景;无琐事纠缠,此乃赏心;与客品茗对饮、赏竹远眺,此乃乐事。如此"四美"齐备,可谓风雅之趣。

《书耕隐卷后》中顾家兄弟为了供养双亲和子女"力耕田",从事农事劳作显然是辛苦的,然而在诗人笔下,劳作的环境是"暖云谷雨春千亩",空间上如此疏朗开阔;时间上即使从早到晚,却是"斜月犁星晓一川",有星月为伴,也极具浪漫之情。在这样的环境中,顾家兄弟仿佛已成世外桃源里的神仙,透露出诗人对宁静田园生活的无限向往。

由此可见,风雅之趣可以是郑燮山间品茗,也可以是虞堪怀着风雅之趣去看待世间万物。正如苏东坡被贬黄州,却能淡然沐江上清风,观山间明月;也如李太白怀才不遇,却能举杯邀明月,享受人、影、月相约的美好时刻。自然中的变化,诗歌中的韵味,人生中的起伏,不妨怀一颗风雅之心细细品味。

立夏

渐觉风光燠，徐看树色稠

....
宋代·薛澄

公历5月5日、6日或7日·立夏

立夏是中国传统二十四节气中的第七个节气，是夏季的第一个节气，通常在每年公历5月5日、6日或7日交节。其中，"立"字意为打下基础或启程，"夏"字在古汉语里指代丰盛或伟大。立夏的到来，预示着万物进入生长的旺盛期。

由于我国幅员辽阔、南北跨度大，立夏时节，各地自然节律不一。南方各地已是枝叶繁茂、盛夏氛围浓烈，而东北和西北某些地方仍然洋溢着春日的温暖与生机。雷雨增多，气温攀升，万物并秀，这些自然变化都是夏季开始的明显标志。

在中国传统文化中，立夏有着各种习俗和活动。"立夏吃蛋"的习俗，寄托着人们希望通过食用鸡蛋来强健身体、迎接夏天挑战的愿望。"迎夏""尝新"等活动，不仅丰富了人们的生活，而且寄托着人们对美好生活的祝愿。

立 夏

〔宋〕陆游

赤帜①插城扉②，东君③整驾④归。
泥新⑤巢燕闹，花尽⑥蜜蜂稀。
槐柳阴初密，帘栊⑦暑尚微。
日斜汤沐⑧罢，熟练试单衣⑨。

① [赤帜] 红旗，用火红指代夏天。
② [城扉] 城内人家的窗扉。
③ [东君] 传说中的太阳神。指代春天。
④ [整驾] 备好车马，准备出发。
⑤ [泥新] 即新泥。
⑥ [花尽] 花已落尽。
⑦ [帘栊] 亦作"帘笼"。窗帘和窗牖。也泛指门窗的帘子。
⑧ [汤沐] 沐浴。
⑨ [单衣] 单层无里子的衣服。《管子·山国轨》载："春缣衣，夏单衣。"

立 夏

〔宋〕赵友直①

四时天气促相催,一夜薰风②带暑来。
陇亩③日长蒸翠麦,园林雨过熟黄梅④。
莺啼⑤春去愁千缕,蝶恋花残恨几回。
睡起南窗情思⑥倦⑦,闲看槐荫⑧满亭台。

① [赵友直] 字益之,号兰洲,上虞(今浙江上虞东南)人,宋代诗人、词家。其诗收录于《历朝上虞诗集》。
② [薰风] 同"熏风",和暖的风。指初夏时的东南风。
③ [陇亩] 田间地头。
④ [黄梅] 成熟的梅子。
⑤ [莺啼] 莺鸣。
⑥ [情思] 情意。
⑦ [倦] 身体和精神上疲乏、困倦的状态。
⑧ [槐荫] 槐树遮住日光所成的阴影。

学习提示

　　陆游的这首《立夏》，是诗人感受到立夏时节万物并秀的生机所作。首先表达了对春天离去、夏天到来的感慨，流露出对时光匆匆的感叹。其后，通过细述新泥筑成的燕巢里鸟儿的喧闹、伴随花儿凋落而离去的蜜蜂、深浓的槐柳绿荫、透过窗棂微微可觉的暑意，勾勒出初夏气息中的活力与宁静，传递出诗人对日常生活琐碎美好的留意与深情，以及那入夏时分享受的惬意与舒适。

　　赵友直的这首《立夏》，细腻地描绘了立夏时节自然的变化：四季更替，熏风带来暑气，翠麦在阳光下生长，梅子在雨后成熟。诗人以平和的心态接受自然的变化，表现出一种顺应自然的态度。黄莺啼叫，春天离去，让人心中涌起千缕愁绪；蝴蝶在残花上飞舞，也带着几分遗憾。诗人睡起后，情思倦怠，闲看槐荫满亭台，流露出一种淡淡的惆怅和慵懒之感。

　　两篇诗作都以立夏为主题进行创作，都描绘出诗人对自然界、日常生活及时光流逝的内心思绪。在情感的抒发上，两首诗均未局限于单一情感，反映出复杂情绪的相互缠绕：既有对时光流逝的感慨，又有对生活的热爱；既有顺应自然的平和，又有淡淡的惆怅。复杂的情感反映了诗人丰富的内心世界和对生活的深刻感悟。学生可细读诗作，感受季节变化带给诗人的不同美感。

小 满

夜莺啼绿柳,皓月醒长空

....
宋代·欧阳修

公历 5 月 20 日、21 日或 22 日·小满

公历 5 月 20 日、21 日或 22 日 · 小满

小满是中国传统二十四节气中的第八个节气，也是夏季的第二个节气，通常在每年公历5月20日、21日或22日交节。满，指雨水之盈。小满节气的到来，预示着炎夏来临，百谷进入成熟期。

小满时节，正值南方雨季，降水充沛，人们正忙着栽种水稻；而在北方，小麦穗子开始灌浆，变得饱满，但尚需时日方能完全成熟。小满后，万物茁壮成长，丰收的希望正逐渐增加。

小满节气关联着丰富的传统习俗和活动，如"抢水""祭车神"等。这些活动不但是当时社会文化的反映，也是农业社会适应和应对自然节律的具体体现。小满的意蕴乃是充盈而不过剩，充足而不满溢，契合了中国儒家的中庸思想，内含深刻的哲学理念，并且映射出一种生活智慧。

咏廿四气诗·小满四月中

〔唐〕元稹

小满气全①时，如何靡草②衰。
田家③私④黍稷⑤，方伯⑥问蚕丝。
杏麦⑦修镰钐⑧，䥯櫐⑨竖棘篱。
向来⑩看苦菜，独秀⑪也何为？

① [气全] 阳气全备。
② [靡草] 草名。《礼记·月令》载："是月也，聚蓄百药，靡草死，麦秋至。"
③ [田家] 种田的人家，指代农家。
④ [私] 偏爱，宠爱。
⑤ [黍稷] 黍和稷，为古代主要农作物，亦泛指五谷。
⑥ [方伯] 出自《礼记·王制》，原指一方诸侯之长，后泛指地方长官。
⑦ [杏麦] 杏黄麦熟。
⑧ [镰钐 (shàn)] 小麦收割工具，曾在陕西、山西、山东、河南部分地区使用过，现在已经极为少见。
⑨ [䥯 (péng) 櫐 (qú)] 䥯，兵器。櫐，即四齿耙，古代齐鲁一带把四齿耙称作"櫐"。
⑩ [向来] 一向，素来。
⑪ [独秀] 独自茂盛。

归田四时乐春夏二首·其二

〔宋〕欧阳修①

南风②原头吹百草③,草木丛深茅舍小④。
麦穗初齐⑤稚子⑥娇,桑叶正肥蚕食饱⑦。
老翁但喜岁年熟,饷妇⑧安知时节好。
野棠梨密⑨啼晚莺,海石榴红啭⑩山鸟。
田家此乐知者谁,我独知之归不早。
乞身⑪当及强健时,顾我蹉跎已衰老。

① [欧阳修](1007—1072),字永叔,号醉翁、六一居士,吉州永丰(今属江西吉安)人,北宋政治家、文学家、史学家。主张文章应"明道""致用",对宋初以来靡丽、险怪的文风表示不满,大力提倡复兴古文,是北宋诗文革新运动的领袖,为唐宋八大家之一。
② [南风] 指夏季的风,通常认为是暖风。
③ [百草] 泛指各种草类。
④ [茅舍小] 农舍简朴而微小的样子。
⑤ [初齐] 刚刚整齐地长出来,表示接近成熟。
⑥ [稚子] 幼儿,小孩子。
⑦ [蚕食饱] 蚕吃着桑叶,能够吃得饱,暗示桑叶充足。
⑧ [饷妇] 送饭的妇人。
⑨ [野棠梨密] 野生的棠梨树很茂密。
⑩ [啭(zhuàn)] 鸟婉转地鸣叫。
⑪ [乞身] 请求辞职。

公历5月20日、21日或22日·小满

学习提示

元稹的《咏廿四气诗·小满四月中》注重对小满时节自然景象的描绘,通过对"靡草""苦菜"等植物的描写,表现了小满时节的生机与变化;同时还描写了"田家私黍稷""杏麦修镰钐"等农事活动,展现出我国古代社会的繁忙景象,表达对农民辛勤劳动的尊重。这首诗暗含了深远的人生哲学,告诉我们要尊重自然,顺应自然法则,免于对尽善尽美的过分追求。

南风拂过,携带着春夏之交小满时节的气息,欧阳修在此刻著下名篇《归田四时乐春夏二首·其二》,透过妙笔,刻画了周围田舍的自然风光及农民的生活画面。草木蓊郁,村舍依稀;一望无际的麦田排布有序,肥美的桑叶成为蚕虫的佳肴;暮色降临之时,林鸟鸣叫与山间禽鸣相应和,共同谱写宁静和美好的农村景象。同时,对老翁、饷妇等村里角色的描写,反映了小满时节他们的喜悦与安宁。

两首诗用词精练,富有画面感,均采用白描手法,生动描绘了小满时节的自然风光与农户日常的情景。细细品味这些诗句,留意诗中的语言及描写景色的方法,学生可以深刻感受到诗人对乡村生活的深情和对劳作农民的敬意。

芒种

时雨及芒种,四野皆插秧

宋代·陆游

公历6月5日、6日或7日·芒种

公历6月5日、6日或7日·芒种

芒种是中国传统二十四节气中的第九个节气，通常在每年公历6月5日、6日或7日交节。芒，指麦类等有芒作物的收获；种，指谷黍类作物的播种。芒种的到来，预示着农民开始在田地里忙碌。有谚语说："杏子黄，麦上场，栽秧割麦两头忙。"所以，芒种经常被人写成"忙种"。

芒种一到，春天绽放的花朵已经凋谢，荫浓叶厚的盛夏即将来临。在我国南方，大部分地区虽然已经进入夏天，但人们经常感觉还在春季里。宋代范成大有诗云："连雨不知春去，一晴方觉夏深。"意思是因为常常下雨，所以都不知道春天什么时候走了；到了天晴时，才忽然发现早已是盛夏。在民间，旧时有"送花神"的习俗，人们举行祭祀仪式以表达对花神的感激之情，盼望来年再次相会。芒种时节，物候是花的凋谢，气候是雨的增多，有诗云："半溪流水绿，千树落花红。"

田间杂咏六首·其六

〔明〕樊阜①

枣花落靡靡②,一犬护柴关③。
节序④届⑤芒种,何人得幽闲⑥。
蛙鸣池水满,细草生阶间。
刈麦⑦欲终亩,风吹雨过山。
大儿早未饭,叹息农事艰。
豪贵本天命,悠悠不可攀。

① [樊阜] 字时登,浙江缙云人。明成化四年(1468)举人,官延平府学训导。著有《樊山摘稿》。
② [靡靡] 纷乱貌。
③ [柴关] 柴门。
④ [节序] 节令的顺序。
⑤ [届] 到。
⑥ [幽闲] 闲适自得。
⑦ [刈麦] 割麦子。

梅雨五绝·其二

〔宋〕范成大①

乙酉②甲申③雷雨惊,
乘除④却贺芒种晴。
插秧先插蚤籼稻⑤,
少忍数旬蒸米成。

①[范成大](1126—1193),字致能,号石湖居士,平江府吴县(今江苏苏州)人,南宋诗人。其诗题材广泛,使金途中所作绝句一卷,写渡淮后的见闻,表现其渴望恢复国家统一的心情。其组诗《四时田园杂兴》六十首,描写农村风光和民生疾苦,较为突出。
②[乙酉]指乙酉日,也就是芒种那天。
③[甲申]指时辰,即下午三点到五点之间。
④[乘除]比喻自然界中的盛衰变化。
⑤[蚤籼稻]"蚤"同"早","蚤籼稻"即"早籼稻",一般在南方种得比较多。籼稻米粒长而细,蒸出来的米饭比较松软,口感较好。

学习提示

《田间杂咏六首·其六》是明代诗人樊阜的一首芒种节气诗。一边是"风吹雨",一边是"欲终亩",农人怎能不忙?农人为什么要"夏争时"呢?是因为梅雨季节近了,不抢农时,可能就会误了收成。农人正是要趁着天晴的当儿,赶紧收割。全诗"抢收"意味显得特别急切。

《梅雨五绝·其二》是南宋诗人范成大的诗。诗中记述了芒种那天上午天气晴好,但下午雷声响动,即将下雨。"乘除"告诉我们芒种时节天气变幻莫测,庆幸的是,还有晴天的时候,希望农人趁这个时间种植早熟的水稻。由此可见,诗人是懂农、悯农的。

对芒种时节的理解,要立情于农民,立情于古代农业。两首诗都立足芒种时节,天气变幻莫测,再加上处于青黄相接时期,因此,突出了芒种时节抢收和播种的急切。

在学习芒种节气时,学生还要注意北方和南方的气候差别,在北方正是小麦收获的季节,时间比南方滞后一周左右;在南方还会迎来"梅雨"。

夏至

红瘦绿肥春正暖，倏然夏至光阴转

明代·吴承恩

公历 6 月 21 日或 22 日·夏至

公历 6 月 21 日或 22 日 · 夏至

夏至是中国传统二十四节气中的第十个节气，通常在每年公历6月21日或22日交节。夏至这一天，白天时长达到最长，日影达到最短，都达到了一年中的极限，所以叫作"夏至"。《恪遵宪度》记载："日北至，日长之至，日影短至，故曰夏至。至者，极也。"夏至这一天，北回归线及其以北地区，正午太阳高度达到最大，也就是说日照时间达到最长。

据载，夏至是二十四节气中最早被确定的一个节气。公元前七世纪，先人就采用土圭测日影的方法确定了夏至。对于古人来说，夏至是节气，也是节日，称为"夏节"或"夏至节"。与夏至对应的节气，就是冬至。关于冬至的九九歌，我们比较熟悉，其实夏至也有九九歌。在几千年的时间里，夏至一直是我国从宫廷到民间都非常重视的一个节气，也发展出了丰富的岁时节俗。在古代，夏至是一个消夏避伏的节日，称为"夏至节"，上到宫廷，下至民间，都想方设法来避暑。宋代，文武百官自夏至日起放假三天，在家里躲暑气，养足精神再工作。在民间，相熟的妇女在夏至这一天互相赠送折扇、胭脂、香囊等。

和梦得夏至忆苏州呈卢宾客①

〔唐〕白居易②

忆在苏州日,常谙③夏至筵。
粽香筒竹④嫩,炙脆⑤子鹅⑥鲜。
水国多台榭,吴风尚管弦⑦。
每家皆有酒,无处不过船。
交印⑧君相次⑨,褰帷⑩我在前。
此乡俱老矣,东望共依然。
洛下⑪麦秋⑫月,江南梅雨天。
齐云楼⑬上事,已上十三年。

① 梦得,刘禹锡的字。卢宾客,即卢周仁,和白居易、刘禹锡一样,也曾做过苏州刺史,后改任太子宾客。白居易于唐宝历元年(825)被任命为苏州刺史,第二年秋天由于久患眼疾去职,被召回京待命。刘禹锡于唐大和六年至八年(832—834)来到苏州担任刺史一职。卢周仁则是在唐大和八年至九年(834—835)做过苏州刺史。
② [白居易](772—846),字乐天,号香山居士,祖籍太原(今山西太原西南),后迁居下邽(今陕西渭南北),唐代诗人。前期强调文艺反映现实,为政治、为人生服务,主张"文章合为时而著,歌诗合为事而作",诗歌应"补察时政""泻导人情";后期乐知天命,对独善与兼济思想加以实践、发挥和改造,倾向于诗歌随性而发。
③ [谙] 熟悉,精通。
④ [筒竹] 竹筒。
⑤ [炙脆] 烤脆。

⑥ [子鹅] 幼鹅，嫩鹅。
⑦ [管弦] 泛指乐器。
⑧ [交印] 交出官印，谓卸职。
⑨ [相次] 次第，相继。
⑩ [褰（qiān）帷] 亦作"褰帏"。撩起帷幔，指官吏视察民情。
⑪ [洛下] 指洛阳城。
⑫ [麦秋] 指初夏。初夏正是麦子成熟的季节，而秋天是谷物成熟的季节，因此古人引申称初夏为"麦秋"。
⑬ [齐云楼] 古楼名。齐云，言其高与云齐。旧时在苏州子城上，为唐曹恭王所建。

夏至避暑北池

〔唐〕韦应物

昼晷①已云极，宵漏②自此长。
未及施政教，所忧变炎凉。
公门日多暇③，是月农稍忙。
高居念田里，苦热安可当。
亭午④息群物，独游爱方塘。
门闭阴寂寂，城高树苍苍。
绿筠⑤尚含粉，圆荷始散芳。
于焉⑥洒烦抱，可以对华觞⑦。

① [晷（guǐ）] 观测日影以定时间的工具。这里指日影。
② [漏] 即漏壶，古代一种计时装置，简称漏。

③［暇］空闲的时候。
④［亭午］正午，中午。
⑤［筠（yún）］竹子的青皮。这里指竹子。
⑥［于焉］在这里。
⑦［华觞（shāng）］华丽的酒杯。

学习提示

《和梦得夏至忆苏州呈卢宾客》是唐代诗人白居易所作。唐开成三年（838），白居易与刘禹锡、卢周仁都在洛阳任职。三人曾先后担任苏州刺史，这年夏至，白居易、刘禹锡遇"节"生情，作诗唱和，通过对苏州夏至时节的描绘，不仅表达了对过去美好时光的怀念和对友人的思念之情，而且展示了苏州水乡的独特风情与文化魅力，让人产生一种向往之情。《夏至避暑北池》是唐代诗人韦应物所作。韦应物的诗以山水田园为主，诗韵清丽闲淡，常常透露着诗人对民间疾苦的怜悯之情。

对夏至节气的理解，要立足当时的气候，以及南方在梅雨季节天气潮湿的特殊环境。在《和梦得夏至忆苏州呈卢宾客》中，诗人讲述了苏州夏至时节，梅雨天气仍未退去，虽然天气不好，但人们借此机会好好享受美味佳肴，从而体现了诗人在苏州为官期间感受到人们生活的美好。在《夏至避暑北池》中，诗人来到北池避暑，消退了体感上的炎热，但内心在想，此时此刻，老百姓还顶着烈日在田间抢收庄稼。这两首诗体现了诗人不同的心境，一个是对苏州的向往，一个是对老百姓辛苦的同情。地区不同，地理位置不同，自然就会有不同的气候、物候表现，学生在理解节气时要加以考虑。

小暑

不怕南风热，能迎小暑开

....

唐代·独孤及

公历7月6日、7日或8日·小暑

公历7月6日、7日或8日·小暑

小暑是中国传统二十四节气中的第十一个节气，通常在每年公历7月6日、7日或8日交节，是夏季的第五个节气，表示季夏时节的正式开始。暑，是炎热的意思，小暑为小热，还不十分热。小暑虽不是一年中最炎热的时节，但紧接着就是一年中最热的节气大暑，民间有"小暑大暑，上蒸下煮"之说。

我国很多地方自小暑起就进入雷暴最多的时节，常伴随着大风、暴雨，有时还有冰雹。南方大部分地区会有东旱西涝，应及早分别采取抗旱、防洪措施，尽量减轻危害。小暑开始进入伏天，所谓"热在三伏"，三伏天通常出现在小暑与处暑之间，是一年中气温最高且潮湿闷热的时段。季风气候显著是我国气候的主要特征之一，夏季受来自海洋暖湿气流的影响，我国多地高温潮湿多雨。小暑时节，虽然阳光猛烈、高温潮湿多雨，但对于农作物来讲，雨热同期有利于成长。

过去，在我国南方地区，民间有小暑"食新"习俗，即在小暑过后尝新米。农民将新割的稻谷碾成米后，做好饭供祀五谷大神和祖先，然后人人吃尝新酒等。在北方地区，民间则有头伏吃饺子的传统，伏天人们食欲不振，往往比常日消瘦，俗谓之苦夏，而饺子在传统习俗里正是开胃解馋的食物，且饺子的外形像元宝，有"元宝藏福"的意思，吃饺子象征着福气满满。

咏廿四气诗·小暑六月节

〔唐〕元稹

倏忽①温风②至,因循③小暑来。
竹喧先觉雨,山暗已闻雷。
户牖④深青霭,阶庭长绿苔。
鹰鹯⑤新习学,蟋蟀莫相催。

① [倏忽] 忽然。
② [温风] 热风。
③ [因循] 沿袭,按老办法做事。这里指顺应自然。
④ [牖] 窗户。
⑤ [鹰鹯] 鹰和鹯,都是猛禽。

公历7月6日、7日或8日·小暑

夏日对雨寄朱放拾遗

〔唐〕武元衡①

才非谷永②传,无意谒③王侯。
小暑金将伏④,微凉麦正秋。
远山欹枕见,暮雨闭门愁。
更忆东林寺⑤,诗家第一流。

① [武元衡] (758—815),字伯苍,缑氏(今河南偃师南)人,金坛令武平一之孙,殿中侍御史武就之子。唐代大臣、诗人。
② [谷永] 西汉大臣,以直言敢谏著称。
③ [谒] 拜见。
④ [金将伏] 古人认为,小暑后阳气渐弱,阴气渐生,金气开始潜伏。
⑤ [东林寺] 佛教寺庙。

学习提示

《咏廿四气诗·小暑六月节》首联"倏忽温风至,因循小暑来"点明小暑节气"温风"的特征,热风袭来,小暑将至。颔联"竹喧先觉雨,山暗已闻雷"描绘了夏季疾风骤雨、电闪雷鸣的景象,竹林喧闹预示大雨将至,山色暗淡暗示雷声已响。颈联"户牖深青霭,阶庭长绿苔"刻画了小暑时节雷雨频繁、空气潮湿,门窗湿漉漉的,庭院长满绿苔的画面。尾联"鹰鹯新习学,蟋蟀莫相催"巧妙融入小暑三候(温风至,蟋蟀居宇,鹰始鸷),天气炎热,老鹰在高空练习搏击,蟋蟀羽翼长成躲在墙角避暑。

《夏日对雨寄朱放拾遗》首联"才非谷永传,无意谒王侯"是诗人自谦无干谒之才,也无意阿谀奉承王侯大臣,道出了诗人内心的苦闷。颔联"小暑金将伏,微凉麦正秋"点明时节,小暑过后即将入伏,此时雨后微凉,麦子成熟,迎来秋天。颈联"远山欹枕见,暮雨闭门愁"描绘了夏日傍晚,诗人闭门谢客,斜倚在床上看远山,心中却充满惆怅的情景,融情于景。尾联"更忆东林寺,诗家第一流"中的"东林寺"借指朱放,表达了诗人对朱放诗词造诣的赞美及对其隐逸潇洒生活的倾慕,同时也发泄了自己心中的郁闷和对脱离纷扰的向往。

在学习这两首诗时,学生可以学习诗歌中的借景抒情手法,抒发自己的心境和感慨;还可以学习诗人对自然景物细腻的观察和生动的描写,如通过对温风、雷雨、云雾、绿苔、动物等的描写,营造出丰富的画面感。在写作中,学生可以借鉴这种从不同角度描写季节特点的方式,丰富文章的内容和意境;也可以了解古人对节气的认识和感受,丰富文化知识;还可以将自然景象与个人情感相结合,使文章更具感染力。

大暑

大暑三秋近，林钟九夏移

....
唐代·元稹

公历 7 月 22 日、23 日或 24 日·大暑

公历 7 月 22 日、23 日或 24 日 · 大暑

大暑是中国传统二十四节气中的第十二个节气，通常在每年公历7月22日、23日或24日交节。大暑时节，正值三伏天里的"中伏"前后，是一年中最热的时期。此时，阳光猛烈，气温高，雷雨频繁。高温酷热、雷暴频繁、雨量充沛是大暑节气的主要气候特点。

在这个时期，我国大部分地区进入一年中最热的阶段。白天的气温常常高达35℃，甚至有些地区会出现40℃的高温天气。同时，由于气温高，水汽蒸发快，大气中的水汽含量较高，容易形成强烈的对流天气，导致雷暴、暴雨等频繁发生。

大暑有以下传统习俗：

1. 喝伏茶。伏茶，顾名思义，是三伏天喝的茶，由金银花、夏枯草、甘草等十多味中草药煮成的茶水，有清凉祛暑的作用。大暑时节，很多地方都有喝伏茶的习俗。

2. 晒伏姜。伏姜源自中国山西、河南等地，三伏天人们会把生姜切片或榨汁后与红糖搅拌在一起，装入容器中蒙上纱布，于太阳下晾晒。充分融合后食用，对脾胃虚寒、感冒咳嗽等有奇效，并有温暖保健的功效。

3. 吃仙草。广东很多地方在大暑时节有"吃仙草"的习俗。仙草又名凉粉草、仙人草，是一种重要的药食两用植物资源。由于其神奇的消暑功效，被誉为"仙草"。民谚说："六月大暑吃仙草，活如神仙不会老。"

销 暑

〔唐〕白居易

何以销①烦暑②,端居③一院中。
眼前无长物④,窗下有清风。
热散由心静,凉生为室空。
此时身自得,难更与人同。

① [销] 消除。
② [烦暑] 闷热的暑气。
③ [端居] 平常居处。
④ [长物] 多余的东西。

大 暑

〔宋〕曾几①

赤日②几时过,清风无处寻。
经书聊枕籍③,瓜李④漫浮沉。
兰若⑤静复静,茅茨⑥深又深。
炎蒸⑦乃如许,那更惜分阴。

公历7月22日、23日或24日·大暑

①〔曾几〕(1084—1166)，字吉甫，自号茶山居士，江西赣州人，徙居河南府（今河南洛阳），南宋诗人。历任江西提刑、浙西提刑、秘书少监、礼部侍郎。学识渊博，勤于政事。他的学生陆游替他作《墓志铭》，称他"治经学道之余，发于文章，雅正纯粹，而诗尤工"。后人将其列入江西诗派。其诗多属抒情遣兴、唱酬题赠之作，闲雅清淡。五言、七言律诗讲究对仗自然，气韵疏畅。古体诗如《赠空上人》，近体诗如《南山除夜》等，均见功力。《四库全书》有《茶山集》八卷，辑自《永乐大典》。

②〔赤日〕红日，烈日。

③〔枕籍〕以经书为枕。

④〔瓜李〕泛指瓜果。

⑤〔兰若〕寺庙。

⑥〔茅茨〕茅屋。

⑦〔炎蒸〕暑热熏蒸。

学习提示

《销暑》开篇便点明主题，首联"何以销烦暑，端居一院中"以设问的方式提出如何消除夏日闷热的暑气，答案是安静地居住在庭院之中，直接切入"销夏"的场景，给人一种简洁明快的感觉。颔联"眼前无长物，窗下有清风"进一步描述庭院中的环境，眼前没有多余的东西，显得简洁清净，而窗下却有徐徐清风拂来，通过"无长物"与"有清风"的对比，突出了清风对"销夏"的可贵，给人一种清爽、闲适之感。颈联"热散由心静，凉生为室空"强调了内心的宁静对于对抗闷热暑气的重要性，富有哲理。尾联"此时身自得，难更与人同"描绘了诗人在这样的情境中悠然自得的状态，这种惬意的感受难以与他人相同，因为它源于诗人自身独特的心境与所处的环境，进一步强调了诗人在"销夏"过程中的自我满足感。

《大暑》首联"赤日几时过，清风无处寻"描绘了大暑时节烈日炎炎，仿佛看不到尽头，而清凉的风更是无处可寻的酷热景象，通过"几时过"的疑问和"无处寻"的强调，突出了大暑的炎热难耐。颔联"经书聊枕籍，瓜李漫浮沉"描绘了诗人在大暑天的"销夏"方式，在如此酷热的天气里，只能以经书为枕，随意地吃着瓜李解暑，通过"聊""漫"二字，表现出一种无奈又闲适的状态。颈联"兰若静复静，茅茨深又深"进一步描述所处环境，"兰若"指寺庙，寺庙本是清净之地，如今更加安静；"茅茨"指茅屋，茅屋幽深，仿佛能隔绝一些暑热，诗人通过对环境的描写，试图营造出一种相对清凉的氛围。尾联"炎蒸乃如许，那更惜分阴"描绘了诗人感慨大暑时节的暑热熏蒸竟是如此厉害，进一步强调了大暑天气对人生活和心态的影响。

  在学习这两首诗时，学生可以学习诗人在酷热环境中寻找内心宁静的方法，以及通过对比突出炎热的写作手法，如用赤日与清风、经书与瓜李、兰若与茅茨的对比，增强诗歌的表现力。在写作中，学生可以借鉴这种通过对比来描写环境和表达情感的方式，以及通过描写环境来烘托氛围和表达内心感受的方法。此外，学生还可以学习诗人应对外界困扰的方法，即调整自己的心态，《销暑》中"热散由心静，凉生为室空"强调了内心的宁静对于对抗闷热暑气的重要性，《大暑》中"炎蒸乃如许，那更惜分阴"表达了诗人对时光的珍惜。

立秋

云天收夏色,木叶动秋声

唐代·刘言史

公历8月7日、8日或9日·立秋

公历 8 月 7 日、8 日或 9 日·立秋

立秋是中国传统二十四节气中的第十三个节气，通常在每年公历8月7日、8日或9日交节，是秋季的第一个节气，意味着秋天的开始，暑去凉来，禾谷成熟。古人根据对大自然的观察，将立秋分为三候：一候凉风至；二候白露降；三候寒蝉鸣。

立秋时节，天高云淡，风清气爽，万物即将收敛，满目金黄，丰收的喜悦挂在人们的眉梢之上。此时，秋叶从深绿到浅黄，从橙红到深褐，它们或在枝头摇曳，或翩然坠地，为秋天增添了独特的秋韵；秋风轻拂，带着最为清爽宜人的凉意，它抚过稻田，抚过果园，为我们送来了果实的香甜；秋水清澈见底，倒映着天空的蓝和秋叶的彩，流水潺潺，它穿过草丛，路过石山，将金秋的画卷舒展在我们眼前。

立秋是中国重要的岁时节气，早在三千年前，古人就有"立秋之日，迎秋于西郊"的仪式，且习俗众多。时至今日，中国民间仍有在立秋这一天"贴秋膘""咬秋""晒秋"等习俗。

立秋日

〔唐〕司空曙①

律变②新秋至,萧条③自此初。
花酣④莲报谢⑤,叶在柳呈疏⑥。
澹日⑦非云映,清风⑧似雨余。
卷帘凉暗度⑨,迎扇暑先除⑩。
草静多翻燕⑪,波澄乍露鱼⑫。
今朝散骑省⑬,作赋兴何如⑭。

①[司空曙](约720—约790),字文明(一作文初),广平(今河北永年东南)人,大历十才子之一,唐代诗人。
②[律变]季节更替,此处指秋天来临。
③[萧条]寂寥冷落,草木凋零。
④[花酣]花即将凋谢时,枝弯腰、花垂头,如酒醉状。
⑤[莲报谢]莲花开始凋谢。
⑥[柳呈疏]柳叶稀疏,表示秋天的迹象。
⑦[澹日]阳光渐呈惨淡,非如炎夏之强烈。
⑧[清风]风渐凉,如雨后之风。
⑨[凉暗度]风带凉意,并于人不知不觉中来临。
⑩[迎扇暑先除]撤去扇子,暑热最先除去。
⑪[草静多翻燕]草丛安静,燕子上下翻飞。
⑫[波澄乍露鱼]水波不兴,清而透明,鱼儿偶尔显现。
⑬[散骑省]古代官署名,此处指诗人所在地。
⑭[作赋兴何如]写诗的兴致如何,即诗兴如何。

立秋夕有怀梦得

〔唐〕白居易

露簟①荻竹②清,风扇③蒲葵④轻。
一与故人别,再见新蝉鸣⑤。
是夕凉飙⑥起,闲境入幽情。
回灯⑦见栖鹤⑧,隔竹闻吹笙。
夜茶一两杓,秋吟三数声。
所思渺千里⑨,云外长洲城⑩。

① [露簟（diàn）] 湿润的竹席。
② [荻竹] 一种制作竹席的植物。
③ [扇] 扇子。
④ [蒲葵] 一种制作扇子的植物。
⑤ [蝉鸣] 蝉的叫声,象征夏天。
⑥ [凉飙（biāo）] 凉爽的风。
⑦ [回灯] 灯光回旋,形容灯光摇曳。
⑧ [栖鹤] 栖息的仙鹤,常寓意高洁。
⑨ [渺千里] 遥远得无法计量。
⑩ [云外长洲城] 象征远方的理想之地或难以触及之处。

学习提示

　　《立秋日》是唐代诗人司空曙的作品,是一首描绘立秋节气的五言律诗。诗人通过对自然景物的描绘,展现了秋天给自然界带来的变化,通过描述"律变",告知人们炎热的夏天即将过去,凉爽的秋天即将来临。《立秋夕有怀梦得》是唐代诗人白居易的作品,此诗以"露簟荻竹清,风扇蒲葵轻"开篇,营造了一种淡雅的氛围,在诗人的笔触下,一幅秋夜的静谧图景展现在我们的眼前。

　　司空曙和白居易同是唐代的著名诗人,但两人的心境不同,所描写的秋景自然也有所不同。"今朝散骑省,作赋兴何如"表达了身在官场的诗人对季节更替的感慨和创作的兴奋,整首诗通过对自然景色的细致描写和内心情感的流露,展现了诗人对新秋时节的感受和深厚的情怀;"所思渺千里,云外长洲城"直接表达了诗人心中深沉的思念,就像远方那隐约可见的长洲城一样,遥不可及。学生可反复诵读诗歌,体会两首诗所抒发的不同心境。

处 暑

处暑天还暑,好似秋老虎

民间·谚语

公历 8 月 22 日、23 日或 24 日·处暑

公历 8 月 22 日、23 日或 24 日·处暑

处暑是中国传统二十四节气中的第十四个节气，通常在每年公历8月22日、23日或24日交节，也是秋季的第二个节气。处，是"出"的意思，"出暑"即酷热难耐的天气到了尾声，但暑气消退是一个缓慢的过程，并不是暑气退去就直接凉爽。处暑时节，虽然天气还热，但气温总体呈下降趋势。

我国古代将处暑分为三候：一候鹰乃祭鸟；二候天地始肃；三候禾乃登。处暑时节，老鹰俯瞰着大地，鸟儿开始聚集，松鼠更加忙碌地穿梭于树林，野兔的毛发愈加浓密。湛蓝的天空如一块巨大的蓝宝石，纯粹而高远。白云在秋风的吹拂下缓缓飘动，似乎在诉说着季节的故事。一眼望去，田间黄灿灿的稻穗压弯了枝头，在微风中轻轻摇曳；高粱涨红了脸，宛如一把把燃烧的火炬，在田间格外醒目。这就是处暑时节的气候特点。

在古代，处暑之后，人们会出游迎秋，欣赏属于秋天的美景。"放河灯"是处暑的传统习俗之一，河星点点，为逝去的亲人照亮通往阴间的道路。民间还有处暑"吃鸭子""吃龙眼""煎药茶"的习俗。

早秋曲江感怀

〔唐〕白居易

离离①暑云②散,袅袅③凉风起。
池上秋又来,荷花半成子。
朱颜④易销歇,白日无穷已。
人寿不如山,年光⑤忽于水。
青芜⑥与红蓼⑦,岁岁秋相似。
去岁此悲秋⑧,今秋复来此。

①〔离离〕形容草木茂盛的样子。这里指暑气盛。
②〔暑云〕指夏天的云,象征暑热的天气。
③〔袅袅〕形容风轻微地吹动。
④〔朱颜〕指红润的面色,常用来形容青春年华。
⑤〔年光〕光阴,时间。
⑥〔青芜〕丛生的杂草。
⑦〔红蓼〕一种开淡红色花的水生植物,常在秋季盛开。
⑧〔悲秋〕古代文人常把秋天作为感伤的季节。

处暑后风雨

〔宋末元初〕仇远①

疾风驱急雨,残暑扫除空。
因识炎凉态,都来顷刻中。
纸窗嫌有隙,纨扇②笑无功。
儿读秋声赋③,令人忆醉翁④。

①〔仇远〕(1247—1326),字仁近,一字仁父,因居于余杭溪上之仇山,自号山村、山村民,人称山村先生,宋末元初文学家。
②〔纨扇〕用细绢制成的团扇。
③〔秋声赋〕北宋文学家欧阳修的辞赋作品。此赋作于宋嘉祐四年(1059)秋,欧阳修时年五十三岁,虽身居高位,然有感于宦海沉浮,政治改革艰难,故心情苦闷,乃以"悲秋"为主题,抒发人生的苦闷与感叹。
④〔醉翁〕欧阳修。

学习提示

　　《早秋曲江感怀》是白居易对早秋时节的描述,"离离暑云散,袅袅凉风起"写出了夏末秋初的天气变化。虽写景,但诗人通过景来感怀,"朱颜易销歇"感慨时光的流逝,"人寿不如山"写出人的生命与山河相比是如此渺小而易逝,虽言语平实自然,但深含哲理。《处暑后风雨》是仇远的一首处暑诗作,这首诗是诗人经历了南宋亡国之痛后的有感之作。"疾风""急雨"一方面在说天气变化快,另一方面也在说改朝换代之快。"炎凉"二字是解读全诗的关键,不仅仅是在说天气的炎热与凉爽,更是在说朝代更迭,世态炎凉。这首诗表面上写风雨,实则写炎凉,最终寄托了诗人对故国的思念之情。

　　白居易与仇远虽不属于同一时代,但这两首诗均描绘出了处暑节气应有的特点,两人面对秋季的美景,抒发了不同的心志与感怀。学生诵读时应注意把握主人公的情绪流转,体会其中寄寓的情怀和哲思。

白露

白露暖秋色，月明清漏中

唐代·雍陶

公历9月7日、8日或9日·白露

白露是中国传统二十四节气中的第十五个节气，通常在每年公历9月7日、8日或9日交节。气温开始下降，天气转凉，早晨草木上有了白色的露水，因而得"白露"美名。白露表示孟秋时节的结束和仲秋时节的开始，是反映自然界气温变化的重要节气。

白露时节，天高云淡，风清气爽，可谓是一年之中最可人的时节。《诗经》中有名句："蒹葭苍苍，白露为霜。"这里的"霜"，非霜降之霜，而是气温骤降，清露凝结而成。和缓的风吹出了一片属于秋天的颜色，露珠晶莹剔透，经过一个春夏的辛勤劳作，人们也迎来了收获的季节。

秋已来临，一叶可知。在古代，白露时节，人们会开展一系列丰富多彩的风俗活动，如"收清露""祭祀大禹""酿五谷酒""喝白露茶"等，充满喜庆和欢乐的氛围，表达人们对美好生活的期盼。

月夜忆舍弟①

〔唐〕杜甫②

戍鼓③断人行④,边秋⑤一雁⑥声。
露从今夜白⑦,月是故乡明。
有弟皆分散⑧,无家⑨问死生。
寄书长⑩不达⑪,况乃⑫未休兵⑬。

① [舍弟] 家弟。杜甫有四弟：杜颖、杜观、杜丰、杜占。
② [杜甫] (712—770),字子美,尝自称少陵野老,祖籍湖北襄阳,生于巩县（今河南巩义）,唐代诗人,被尊为"诗圣"。其诗大胆揭露当时社会矛盾,对穷苦人民寄予深切同情。许多优秀作品显示出唐代由开元、天宝盛世转向动荡衰微的历史过程,被称为"诗史"。
③ [戍鼓] 戍楼上用以报时或告警的鼓声。
④ [断人行] 指鼓声响起后,就开始宵禁,禁止人行走。
⑤ [边秋] 一作"秋边",秋天边远的地方,这里指秦州。
⑥ [一雁] 孤雁。古人以雁行比喻兄弟,以一雁比喻兄弟分散。
⑦ [露从今夜白] 恰逢白露时节。
⑧ [分散] 一作"羁旅"。
⑨ [无家] 杜甫在洛阳附近的老宅已毁于安史之乱。
⑩ [长] 一直,老是。
⑪ [不达] 收不到。达,一作"避"。
⑫ [况乃] 何况,况且。
⑬ [未休兵] 此时叛将史思明正与唐将李光弼激战。

秋 思

〔唐〕李白①

春阳如昨日,碧树鸣黄鹂。
芜然②蕙草③暮④,飒尔⑤凉风吹。
天秋木叶下⑥,月冷莎鸡⑦悲。
坐⑧愁⑨群芳歇⑩,白露凋华滋⑪。

①〔李白〕(701—762),字太白,号青莲居士,自称祖籍陇西成纪(今甘肃静宁西南),唐代诗人,被誉为"诗仙"。一方面要做超脱尘俗的隐士神仙,一方面要做君主的辅弼大臣,形成了李白出世与入世的矛盾,但积极入世、关心国家是其一生思想的主流。其诗风雄奇豪放,想象丰富,善于从民歌、神话中吸取养分和素材,构成其特有的瑰玮绚烂色彩和浪漫精神。

②〔芜然〕杂草丛生的样子。

③〔蕙草〕香草名。又名薰草、零陵香。

④〔暮〕时至秋天,香草接近衰败。

⑤〔飒尔〕形容风声。

⑥〔天秋木叶下〕《楚辞·九歌》有诗云:"袅袅兮秋风,洞庭波兮木叶下。"

⑦〔莎鸡〕虫名。又名络纬,俗称纺织娘。

⑧〔坐〕副词,自然而然。

⑨〔愁〕忧愁。上句的"群芳歇"和下句"白露凋华滋"都是"愁"的宾语。

⑩〔群芳歇〕百花凋谢。

⑪〔华滋〕即茂盛。这里指茂盛的花草,以修饰语代中心语。

学习提示

《月夜忆舍弟》是唐乾元二年（759）秋杜甫在秦州所作。诗人选取了"戍鼓""雁""白露""月"等景物，描绘了一幅边塞秋天的图景，耳目所及皆是一片凄凉景象，"断人行"点明社会环境，说明战事仍然频繁、激烈，道路为之阻隔，烘托出战争的氛围。在此基础上，写兄弟因战乱而离散，居无定所，杳无音信，于是思念之情油然而生，特别是在入秋以后的白露时节，在戍楼上的鼓声和失群孤雁的哀鸣声的映衬之下，这种思念之情越发显得深沉和浓烈。

《秋思》是盛唐时期李白的作品，首联说春天去得很快，"碧树鸣黄鹂"的春景如同在昨天，秋天就已经来临。颔联和颈联用具有代表性的意象写秋日景象。香草衰败，凉风拂面，木叶凋落，秋虫悲鸣。尾联写悲秋，花谢草凋，使人愁苦，此即秋思，点明题意。虽全篇未着一"思"字，但蕙草枯萎凋零、秋风吹来凉意，让人顿感忧伤。

"景者，情之景也；情者，景之情也。"这两首诗都选取了具有代表性的"白露""月"等意象来写秋日景象，将所表现的情感和所描写的景物结合得臻于完美，表现出诗人的一腔愁绪。

秋分

暑退秋澄气转凉,日光夜色两均长

……………………
现代·左河水

公历 9 月 22 日、23 日或 24 日 · 秋分

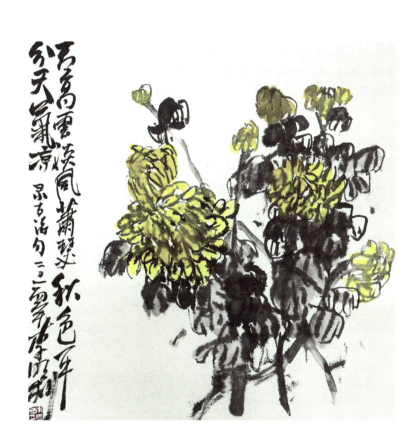

公历9月22日、23日或24日·秋分

秋分是中国传统二十四节气中的第十六个节气，通常在每年公历9月22日、23日或24日交节，也是秋季的第四个节气。秋分这一天，正是阴阳交接，分割寒暑的日子。"分"是"半"的意思，秋分意为秋天刚好过了一半。自2018年起，我国将每年秋分设立为"中国农民丰收节"。

秋分时节，北方冷气团开始具有一定的势力，大部分地区雨季刚刚结束，凉风习习，碧空万里，风和日丽，秋高气爽。民谚说："一场秋雨一场寒。"秋季降温快的特点，使得秋收、秋耕、秋种的"三秋大忙"显得格外紧张。华北地区有农谚"白露早，寒露迟，秋分种麦正当时"，规定了该地区播种冬小麦的时间；而"秋分天气白云来，处处好歌好稻栽"说的是江南地区播种水稻的时间。

秋分节气有"祭月""送秋牛图""竖蛋""粘雀子嘴""放风筝"等风俗活动。祭月在我国是一种十分古老的习俗，古人崇拜月神，有"秋暮夕月"的习俗，为祈求福佑，以寓圆满、吉庆之意。

晚　晴

〔唐〕杜甫

返照①斜②初彻，浮云③薄未归。
江虹明远饮，峡雨落余飞。
凫雁④终高去，熊罴⑤觉自肥。
秋分客尚在，竹露⑥夕微微。

①〔返照〕夕照，傍晚的阳光。
②〔斜〕日光斜照。"斜"，补充"返照"，回应"晚晴"。
③〔浮云〕间或有"浮云游子意"之意境。
④〔凫雁〕野鸭与大雁，有时单指野鸭或大雁。"凫雁终高去"，还有一层象征意义，即比喻高蹈之士。
⑤〔熊罴〕猛兽，比喻勇士或雄师劲旅，亦指帝王得贤辅或生男之兆。"熊罴觉自肥"，比喻贪庸之人。
⑥〔竹露〕竹叶之上的露水。

夜喜贺兰三见访

〔唐〕贾岛①

漏钟②仍夜浅,时节欲秋分。
泉聒③栖松鹤④,风除⑤翳⑥月云。
踏苔⑦行引兴,枕石⑧卧论文⑨。
即此寻常静,来多只是君。

①[贾岛](779—843),字浪仙(一作阆仙),范阳(今河北涿州)人,曾任长江主簿,世称贾长江,唐代诗人。其诗喜写荒凉枯寂之境,颇多苦寒之辞。以五律见长,注重词句锤炼,"推敲"的典故即由其斟酌诗句"僧敲月下门"而来。其诗在晚唐和南宋诗坛颇受推尊。
②[漏钟]刻漏和钟。这里借指时辰、时间。
③[聒]吵扰,声音高响或嘈杂。
④[松鹤]松与鹤。多比喻标格出众。
⑤[除]吹散。
⑥[翳]遮蔽,障蔽。
⑦[苔]青苔,又称地衣。
⑧[枕石]枕于石上。多比喻隐居山林。
⑨[论文]谈论诗歌,赏析文章。

学习提示

　　《晚晴》是唐代诗人杜甫五十五岁客居夔州时所作。安史之乱后,诗人原想从夔州取道回乡,然各地藩镇割据,局势混乱,回乡梦破灭。雨后晚晴,夕阳斜照,高空流云,彩虹横江,诗人对夔州山水是喜爱的,然而山峡落雨,壮丽山河,愈加唤醒诗人内心的乡愁。加之对高士的向往与对贪官污吏的憎恨,使得秋分日独在异乡飘零之感涌上心头,亦有一丝若有若无的怀乡悲秋之情绪。

　　《夜喜贺兰三见访》是唐代诗人贾岛的一首秋分诗。秋空澄澈,一碧万顷,月色皎洁。有美景而无知音,可谓是好景虚设,这就为下文写"相伴之喜"埋下了伏笔。"踏""行""引""枕""卧""论",诗人连续用了六个动词,写出了友人来访后的详细活动,并表达了内心的喜悦与满足。

　　两首诗都是唐代诗人在秋分时节所作,都写出了秋分时节的特有景象,表现了诗人对美景的喜爱之情。诗人由景入情,或怀乡悲秋,或欢喜欣慰,佳句迭出,诗兴盎然,感情真挚,是秋分诗中的绝妙佳作。

寒露

袅袅凉风动,凄凄寒露零

....
唐代 · 白居易

公历 10 月 7 日、8 日或 9 日 · 寒露

公历 10 月 7 日、8 日或 9 日·寒露

寒露是中国传统二十四节气中的第十七个节气，通常在每年公历10月7日、8日或9日交节，也是秋季的第五个节气。寒露的到来是天气转凉的象征，标志着天气由凉爽向寒冷过渡。

寒露时节，特点鲜明。气温较白露时节进一步下降，地面的露水越发清冷，仿佛随时都能凝结成霜。气候干燥，降水稀少，空气中湿度较低。昼夜温差显著增大，白天尚觉温暖，夜晚气温骤降，让人真切地感受到大自然的奇妙变化。

寒露的习俗丰富多彩，充满生活的诗意与情趣。寒露时节，菊花傲然绽放，人们纷纷举办菊花展，赏菊饮酒，沉醉在秋天的美景之中。秋高气爽，正是登高的好时节，人们登高远眺，尽情欣赏自然风光，既锻炼了身体，又能放松心情。民间还有寒露吃芝麻的习俗，芝麻具有补肝肾、润五脏等功效，为人们的健康增添一份保障。而菊花酒更是寒露的特色饮品，由菊花加糯米、酒曲酿制而成，具有养肝、明目、健脑等功效。

寒露的意义重大。它反映了气候变化，提醒人们随着秋季的深入，气温下降，天气变得干燥，要及时增添衣物，预防疾病。在农业生产方面，寒露时节，秋收、秋种进入关键时期，为农作物的收获和播种提供了重要指导。同时，寒露的习俗承载着中华民族的传统文化，赏菊、登高、吃芝麻等习俗，有助于传承和弘扬民族精神，让我们在现代生活中依然能感受到古老文化的魅力。

让我们在寒露时节，感受大自然的馈赠，领略节气之美，传承传统文化。

公历10月7日、8日或9日·寒露

斋 心[①]

〔唐〕王昌龄[②]

女萝[③]覆石壁,溪水幽濛胧[④]。
紫葛[⑤]蔓[⑥]黄花,娟娟[⑦]寒露中。
朝饮花上露,夜卧松下风。
云英[⑧]化为水,光采[⑨]与我同。
日月荡精魄[⑩],寥寥天宇空[⑪]。

①[斋心]意为祛除杂念,使心神凝寂。这是道家的说法,换成儒家就是修心。这首诗的创作时间是盛唐,大约在公元710年至755年之间。这个时期,唐代社会相对稳定,经济繁荣,文化发展迅速。道教在这个时期也得到了广泛传播和发展,成为许多文人墨客的精神寄托。诗人在这个时期的人生际遇颇为波折。他曾在长安任职,但因性格孤傲、直言不讳而受到排挤,被贬为江宁丞。然而,正是这样的经历使他对人生有了更深的领悟,促使他在诗歌中探讨生命的意义和宇宙的奥秘。

②[王昌龄](约698—约756),字少伯,京兆长安(今陕西西安)人,唐代诗人,开元、天宝年间诗名甚盛,有"诗家夫子王江宁"之称。擅长七言绝句,多写当时边塞军旅生活。

③[女萝]一种常绿藤本植物,常攀附山石或树干之上。

④[幽濛胧]幽静而朦胧,形容环境幽深且带有雾气。

⑤[紫葛]紫色的葛藤,一种多年生草质藤本植物。

⑥[蔓]蔓延,缠绕。

⑦[娟娟]指姿态柔美、秀丽的样子。

⑧[云英]云气的精华。这里比喻高洁或美好的事物,也可能指云雾凝结成的水珠。

⑨[光采]同"光彩"。

⑩〔荡精魄〕洗涤心灵,净化魂魄。
⑪〔天宇空〕天空空旷清澈。

池 上
〔唐〕白居易

袅袅①凉风动,凄凄寒露零。
兰衰花始白,荷破叶犹青。
独立栖沙鹤,双飞照水萤。
若为寥落②境,仍值酒初醒。

①〔袅袅〕形容烟气缭绕升腾。
②〔寥落〕冷落,冷清。

学习提示

两首诗都描写了寒露时节的自然景观和气候特点，但是情感表达与思考完全不同。王昌龄这首诗通过对自然景物的细腻描写，表达了诗人与大自然和谐共生的情感，透露出一种与世无争、心境淡泊的隐士情怀。白居易这首诗通过对秋天景象的描绘，既展示了秋天的美丽和生命的坚韧，也反映了诗人内心的孤独和寂寥。

《斋心》开篇四句写景，为起句。女萝覆盖在石壁上，溪水幽深朦胧。紫葛蔓延在黄花间，寒露中花朵娇艳。其中，"女萝"和"溪水"象征着隐居生活的自然环境。"朝饮花上露，夜卧松下风"两句描写诗人清晨采集花朵上的露水饮用，晚上在松树下乘凉入睡。这种与自然和谐相处的简单生活，体现了诗人内心的平静与恬淡。"云英化为水"指云雾凝结成露珠的过程，表达了诗人追求纯净、淡泊人生的理想；"光采与我同"则表示诗人愿意与天地间的光明相融。"日月荡精魄，寥寥天宇空"两句借日月之光辉，表达了诗人宽广的胸怀和对宇宙奥秘的追求。

《池上》这首诗描述了诗人酒后初醒看到的景色，生动地展现了深秋寒露的景象。首联"袅袅凉风动，凄凄寒露零"描绘了秋风的轻柔与寒露的凄凉，营造出一种萧瑟的氛围。颔联"兰衰花始白，荷破叶犹青"进一步描绘了秋天的景象，兰花凋零，荷叶残破，但依然保持着青绿色，这种景象既展示了秋天的美丽，也暗示了生命的坚韧和时间的无情。颈联"独立栖沙鹤，双飞照水萤"通过动静结合的描绘，展现了孤独与生机并存的状态。尾联"若为寥落境，仍值酒初醒"则将诗人的情感融入其中，表达了在孤独和寂寥的境地中，酒醒后的感慨和反思。

两首诗都让我们感受到诗人对自然节气的细腻观察和深刻感悟。寒露这个节气，有着独特的韵味。不同的意象选择会营造出各有特色的意境，表达的情感也各不相同。学生应反复诵读这两首诗，仔细揣摩不同的意象对表达不同情感的作用。

霜降

霜降鸿声切,秋深客思迷

唐代·刘长卿

公历 10 月 23 日或 24 日·霜降

霜降是中国传统二十四节气中的第十八个节气，通常在每年公历10月23日或24日交节，也是秋季的最后一个节气。此时天气渐冷，初霜出现，之后就是立冬节气，意味着冬天即将到来。

霜降时节，气温像是被施了魔法般骤降，早晚温差大得让人仿佛在两个季节中穿梭。空气中的水汽也在低温的催促下，在地面或近地物体上凝结成了白色的冰晶，那便是霜。此时，秋燥愈加明显，干燥的气候让人体很容易出现口干、唇干、咽干及皮肤干燥等症状。

说起霜降的习俗，那可是充满了生活的情趣。此时，正值菊花盛开之际，人们纷纷举办菊花会，在花海中赏菊饮酒，尽情表达着对菊花的喜爱与赞美。有些地方还有霜降吃柿子的习俗。据说，这个时候吃柿子，冬天就不会感冒、流鼻涕。此外，民间素有"补冬不如补霜降"的说法。人们会选择食用羊肉、牛肉、鸡肉等有滋补作用的食物，为的是增强体质，抵御即将到来的寒冷。

霜降的意义不容小觑。它如同一面镜子，清晰地反映出气候变化，标志着秋季向冬季的过渡，时刻提醒着人们天气会越来越冷，要赶紧做好防寒保暖的准备。对于农业生产而言，霜降更是有着重要的指导意义。此时，大部分农作物已然收获完毕，农民需要精心做好农作物的贮藏和防寒工作，同时也要为来年的春耕早早地做好筹划。而霜降的习俗承载着丰富的文化内涵，就像一条纽带，传承着传统文化的魅力，让人们在岁月的流转中更好地了解和感受先人的智慧与生活的诗意。

九日登李明府北楼

〔唐〕刘长卿

九日①登高望,苍苍②远树低。
人烟③湖草里,山翠县楼④西。
霜降鸿声切,秋深客思迷⑤。
无劳白衣酒⑥,陶令⑦自相携。

①［九日］重阳节（农历九月初九）。在这一天有登高的习俗。
②［苍苍］形容树木或天空颜色深沉。
③［人烟］人家炊烟。
④［县楼］古代行政区划的行政楼。
⑤［思迷］思绪更加低迷。
⑥［白衣酒］即"白衣送酒"的典故。陶渊明因家贫无酒而烦闷,恰好友人王弘遣白衣使前来送酒。后引申为友人雪中送炭。
⑦［陶令］陶渊明,曾为彭泽令,后隐居,有"采菊东篱下,悠然见南山"之名句。

泊舟盱眙①

〔唐〕常建②

泊③舟淮水次④,霜降夕流清。
夜久⑤潮侵岸⑥,天寒月近城。
平沙依⑦雁宿,候馆⑧听鸡鸣。
乡国⑨云霄外,谁堪⑩羁旅情。

① 此诗作者有争议,一作韦建。盱眙(xū yí),县名,在今江苏北部,淮水入洪泽湖处。
② [常建](708—765),字少府,祖籍邢州(根据墓碑记载),可能是长安(今陕西西安)人,唐代诗人。唐开元十五年(727)与王昌龄同榜进士,长仕宦不得意,来往山水名胜,长期过着漫游生活。后移家隐居鄂渚(今湖北武昌)。唐天宝年间,曾任盱眙县尉。现存文学作品不多,其中《题破山寺后禅院》一诗为世传诵。
③ [泊]停船靠岸。
④ [次]旁边。
⑤ [夜久]夜深。
⑥ [侵岸]拍岸。
⑦ [依]靠,靠近。
⑧ [候馆]接待过往官员的驿馆。
⑨ [乡国]故乡。
⑩ [谁堪]谁能忍受。

学习提示

在古代，交通不便，人们离家远行时往往会产生浓厚的思乡之情，这两首诗的作者也不例外。《九日登李明府北楼》中，诗人刘长卿在重阳节登高，看到秋景，不禁引发了对故乡的思念及对自身羁旅生涯的感慨；《泊舟盱眙》中，诗人常建夜泊盱眙，面对寒冷的天气、清冷的月光和孤雁的鸣叫等景象，心中的羁旅愁情油然而生。虽然两首诗都流露出了羁旅之人的孤独、思乡之情，但是情感侧重点不同。《九日登李明府北楼》中，诗人除表达思乡之情以外，还提到了"无劳白衣酒，陶令自相携"，有一种对友人李承恩的感激之情，以及对像陶渊明那样悠然自得生活的向往；《泊舟盱眙》则侧重表达羁旅之愁和对故乡的深切思念，情感更加纯粹和直接。

不同的经历，不同的生活场景，会形成不同的写作视角。《九日登李明府北楼》主要是从登高望远的视角来写，诗人站在北楼上，俯瞰远处的树木、湖草、山色等，视野较为开阔；《泊舟盱眙》则是从泊舟夜宿的视角来写，诗人身处小船之中，观察到的是淮水、岸边、沙滩、驿馆等近景，以及夜晚的天空、月亮等景象，场景相对较为集中。

学生在欣赏这两首诗时，可尝试用对比阅读的方法感知两首诗所表达的不同情感，并且思考这两首诗是如何通过写作视角的变化和采用动静结合的写景方法来营造一种萧索、清冷的氛围的。

立冬

天水清相入，秋冬气始交

宋代·释文珦

公历 11 月 7 日或 8 日·立冬

立冬是中国传统二十四节气中的第十九个节气，通常在每年公历11月7日或8日交节，也是冬季的第一个节气。立，建始也；冬，终也，万物收藏也。立冬意味着生气开始闭蓄，万物进入休养状态，草木凋零、蛰虫休眠，大自然呈现出一幅宁静、和谐的画卷。立冬喻示着人们要顺应自然规律，学会在寒冷中寻找温暖，在沉寂中期待新生。

立冬时节，气温逐渐下降，水开始凝结成冰，土壤开始冻结。人们在这个时节，会举行祭祖仪式，以时令佳品祭祀祖先，祈求上天赐予来年的丰收，还会在立冬这一天杀鸡宰羊或以其他营养品进行"补冬"。

立冬让我们在感受自然之美的同时，也深刻体会到生命的坚韧与智慧。在这个时节，让我们以平和的心态去迎接冬季的到来，静候春归的佳音。

立冬即事二首·其一

〔宋末元初〕仇远

细雨①生寒②未有霜，
庭前木叶③半青黄④。
小春⑤此去无多日⑥，
何处梅花一绽⑦香。

① 〔细雨〕小而密的雨。
② 〔生寒〕使人感到寒冷。
③ 〔木叶〕树叶。这里指秋叶。
④ 〔半青黄〕颜色介于青色和黄色之间，形容叶子由绿转黄。
⑤ 〔小春〕即"小阳春"，指农历十月，秋季即将结束、冬天来临之前出现的回暖天气。
⑥ 〔无多日〕时间不长。
⑦ 〔绽〕开放。

咏廿四气诗·立冬十月节

〔唐〕元稹

霜降向人寒，轻冰①渌水②漫③。
蟾④将纤影⑤出，雁带几行残⑥。
田种⑦收藏⑧了⑨，衣裘⑩制造⑪看。
野鸡⑫投水日，化蜃⑬不将难。

① [轻冰] 薄薄的冰层。
② [渌水] 清澈的水。
③ [漫] 遍布，散开。
④ [蟾] 蟾蜍。这里指代月亮。
⑤ [纤影] 瘦影。这里形容月亮的形态。
⑥ [几行残] 几排稀疏的队形。这里指大雁离开。
⑦ [田种] 田地，指庄稼。
⑧ [收藏] 收集保藏。
⑨ [了] 完毕，结束。
⑩ [衣裘] 冬衣，泛指皮裘衣服。
⑪ [制造] 制作。
⑫ [野鸡] 雉鸡。
⑬ [蜃（shèn）] 大蛤蜊。这里指雉入海化为蜃，为立冬三候之一。古代将立冬分为三候：一候水始冰；二候地始冻；三候雉入大水为蜃。

学习提示

两首诗均生动展现了立冬时节的自然景象,细腻地表达了诗人对这一季节变化的情感体验。仇远在《立冬即事二首·其一》中运用细腻的笔法,生动地勾勒出立冬时节的独特景致,阅读时应深入品味诗人对细雨、落叶、梅花等自然元素的细腻描绘。诗句中的"未有霜"与"半青黄"传达了秋季的凉意,阅读时应着重感受其中蕴含的伤景之情。"梅花一绽香"象征着冬日的生机勃勃,阅读时应深刻领会诗人对梅花所倾注的赞美之情。整首诗不仅有对景物的描绘,还有诗人对立冬时节的情感反映,体现了诗人对自然的敏锐感知和对生活的深刻体验。《咏廿四气诗·立冬十月节》是元稹的组诗之一。在阅读过程中,需要完全沉浸在诗人的视角之中,从下至上,由近及远,从水面薄如蝉翼的冰层,过渡到天空中月亮的纤影、南迁的大雁;从秋日的萧瑟景象,聚焦到人们忙着收获果实和置办入冬的衣裳,野鸡们纷纷钻进水林中不见了。诗人细腻的笔触不仅描绘出立冬时节的独特韵味,更蕴含对生命奥秘的探寻、对自然之美的赞颂及对岁月流转的感慨,让读者在字里行间感受到一种深刻的共鸣与思考。

这两首诗告诉我们立冬不仅仅是一个节气,更是一种生活的态度。在这个时节,人们回顾过去,总结经验,为来年的生活和工作做好规划。这种对未来的期许与憧憬,让人们在寒冷中看到了希望的光芒,也激励着人们不断前行、不断进步。

小雪

迎冬小雪至，应节晚虹藏

唐代·徐敞

公历 11 月 22 日或 23 日 · 小雪

公历 11 月 22 日或 23 日·小雪

小雪是中国传统二十四节气中的第二十个节气，通常在每年公历 11 月 22 日或 23 日交节，也是冬季的第二个节气。《孝经纬》记载："（立冬）后十五日，斗指亥，为小雪。天地积阴，温则为雨，寒则为雪。时言小者，寒未深而雪未大也。"说的就是进入小雪节气后，气温逐渐降到 0 ℃以下，但大地尚未过于寒冷；虽开始降雪，但雪量不大。小雪时节，阳气上升，阴气下降，致天地不通，阴阳不交，万物失去生机，天地闭塞而转入严冬。故古人将小雪分为三候：一候虹藏不见；二候天气上升地气下降；三候闭塞而成冬。

　　小雪时节，各地有不同的风俗。北方地区会腌制各类蔬菜，以备冬季食用；南方地区则倾向于腌制腊肉，品尝软糯的糍粑。此外，晒鱼干、酿小雪酒也是小雪时节的重要习俗。这些活动不仅丰富了人们的日常生活，而且传承了深厚的文化底蕴。

腊初小雪后圃梅①开二首·其二

〔宋〕张耒②

晨起千林③腊雪④新,
数枝云梦泽⑤南春⑥。
一尘不染⑦香到骨⑧,
姑射仙人⑨风露⑩身。

①[圃梅]花园里的梅花。
②[张耒(lěi)](1054—1114),字文潜,号柯山,楚州淮阴(今属江苏淮安)人,北宋诗人。苏门四学士之一,与黄庭坚、秦观、晁补之齐名。诗歌受白居易、张籍影响,平易流畅,对社会矛盾反映较多。
③[千林]广阔的树林。
④[腊雪]腊月刚下的雪。
⑤[云梦泽]中国湖北省江汉平原上的古代湖泊群的总称,现在大部分已经消失。这里用来形容梅花的美丽。
⑥[南春]南方的春天。这里用来形容梅花清远的香气。
⑦[一尘不染]形容环境清洁、干净。
⑧[香到骨]形容梅花的香气浓郁,仿佛渗入骨髓。
⑨[姑射(yè)仙人]传说中姑射山的得道真人,后指美貌的女子。这里用来形容梅花超凡脱俗的美。
⑩[风露]风和露水。这里用来形容梅花的生长环境不受世俗污染。

咏廿四气诗·小雪十月中

〔唐〕元稹

莫怪①虹无影②,如今小雪时。
阴阳依上下③,寒暑④喜分离。
满月光⑤天汉⑥,长风⑦响树枝。
横琴⑧对渌醑⑨,犹自敛⑩愁眉⑪。

① [莫怪] 不要责怪。
② [虹无影] 小雪一候:虹藏不见。随着气温的下降,空中的水雾减少,冷空气使得水汽凝结成雪花,因此彩虹这种自然现象不再出现。
③ [阴阳依上下] 小雪二候:天气上升地气下降。天空中的阳气上升,地下的阴气下降,导致天地之间气息不通,阴阳不交。
④ [寒暑] 寒冷和暑热。这里指冬天和夏天。
⑤ [光] 照亮。
⑥ [天汉] 银河。这里指天空。
⑦ [长风] 大风。
⑧ [横琴] 横放着琴弹奏。
⑨ [渌(lù)醑(xǔ)] 美酒。渌,同"醁(lù)"。
⑩ [敛] 收起,收住。
⑪ [愁眉] 发愁时皱着的眉头。这里指忧伤的样子。

学习提示

　　两首诗均通过描绘小雪时节的景象，传达出诗人的个人情感。张耒的《腊初小雪后圃梅开二首·其二》描写了梅花在冬季寒冷的环境中依然保持清新脱俗的气质。特别是在鉴赏"一尘不染香到骨，姑射仙人风露身"两句时，要敏锐地把握住诗人看似描写梅花，实则暗诉个人经历。诗人经历了科举的挫折，加之受党争的影响，人生经历颇为曲折。在这样的境况下，诗人的梅花诗不仅仅是对小雪景致的描绘，更是借助于梅花传递出一种超脱世俗、坚守本心的精神力量，这种托物言志的手法在许多诗歌中都有体现。元稹的《咏廿四气诗·小雪十月中》不仅描绘了小雪时节的物候，更深刻地揭示了自然界阴阳转换的奥秘。天空虹彩隐，小雪已至，阴阳不交，万物更显静谧。长风过处，诗人横琴于膝，面对绿蚁新醅酒，仍难掩眉间那抹淡淡的忧愁。在阅读时，要掌握诗人借描绘清冷景致来抒发内心愁思的手法。结合诗人生平经历，着重理解愁思从何而来，推究这忧愁或许有诗人对过往的怀念，对即将逝去的温暖的惋惜，或是对未来的淡淡忧虑。元稹以诗为媒，将这份复杂的情感寄托在小雪的景致之中，让读者在品味诗句的同时，也能感受到诗人那颗敏感而多情的心。

　　这两首诗不仅是对小雪时节的赞美，更是对生命哲理的一次深刻探索。在小雪时节，让我们像诗人一样，用心灵去感受，用智慧去思考，找到属于自己的生命节奏，与万物和谐共舞。

大雪

大雪江南见未曾,今年方始是严凝

....
宋代·陆游

公历 12 月 6 日、7 日或 8 日·大雪

大雪是中国传统二十四节气中的第二十一个节气，通常在每年公历12月6日、7日或8日交节，也是冬季的第三个节气。《月令七十二候集解》记载："大雪，十一月节。大者，盛也。至此而雪盛矣。"进入大雪节气，标志着仲冬时节正式开始，气温明显下降，天气寒冷。

大雪有三候：一候鹖鴠（hé dàn）不鸣；二候虎始交；三候荔挺出。意思是说此时天气寒冷，寒号鸟也不再鸣叫了；此时是阴气最盛时期，所谓盛极必衰，阳气已有所萌动，老虎开始有求偶行为；"荔挺"为兰草的一种，感到阳气的萌动而抽出新芽。在大雪节气，民间有"今年麦盖三层被，来年枕着馒头睡"的农谚。

大雪是我国冬季的一个重要节气，民间有喝红薯粥的习俗。红薯富含对人体有益的赖氨酸，多喝红薯粥可以提高人体免疫力，减少感冒发烧。此外，还有自制腌肉、观赏封河、捕获乌鱼等习俗。

夜 雪

〔唐〕白居易

已讶①衾枕②冷,
复见窗户明。
夜深知雪重③,
时闻折竹声④。

① [讶] 惊讶。
② [衾（qīn）枕] 被子和枕头。
③ [重] 大,指雪下得很大。
④ [折竹声] 大雪压折竹子的声响。

公历12月6日、7日或8日·大雪

大 雪

〔宋〕陆游

大雪江南见未曾,今年方始是严凝①。
巧穿帘罅②如相觅,重压林梢欲不胜③。
毡幄④掷卢⑤忘夜睡,金羁⑥立马怯晨兴。
此生自笑功名晚,空想黄河彻底冰。

① [凝] 冻结,结冰。
② [罅(xià)] 裂缝,缝隙。
③ [胜(shèng)] 能承受,能承担。
④ [毡幄] 毡帐。毡制的帐篷,古代北方游牧民族以为居室。
⑤ [掷卢] 古时一种赌博游戏,五枚骰子,上黑下白,掷出全黑为卢。
⑥ [金羁] 金饰的马络头。

学习提示

  两首诗通过对感官上细腻感受的描写，展现了夜晚大雪悄然而至的景象和诗人夜不能寐的情感。《夜雪》一诗借助于"冷""明""声"等字眼，调动了人的触觉、视觉和听觉，将无声无色无味的雪描写得生动传神。"冷"和"讶"说明在浑然不觉中雪至已久且气温骤降，诗人被寒冷侵袭后醒来，恰好与"夜雪"切题；"明"是雪下得大且厚，积雪的强烈反光给黑夜带来了光明；"声"则是听到竹子断裂的声音，说明雪下得很大，连竹子都不堪其重，同时以动衬静，侧面烘托出夜的静谧。《大雪》一诗描写了江南大雪初至的景象，诗人通过描绘雪花穿帘、雪压树梢及回忆金戈铁马的戎马生活等细节，表现出大雪严寒的冬日氛围。

  两首诗都表现出诗人在仕途上坎坷不顺，人生过半却没有机会施展抱负，诗人回想自己的境遇和功名，触景生情，徒生感慨，但报国之志从未动摇。

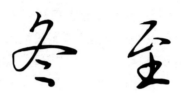

日照数九冬至天，清霜风高未辞岁

....
现代·贵谷子

公历12月21日、22日或23日·冬至

公历 12 月 21 日、22 日或 23 日·冬至

冬至是中国传统二十四节气中的第二十二个节气，通常在每年公历 12 月 21 日、22 日或 23 日交节。《月令七十二候集解》记载："冬至，十一月中。终藏之气至此而极也。"这意味着真正的冬天到来了，全国进入一年中最寒冷的阶段。

冬至日是北半球一年中白天时间最短的一天。过了冬至日，太阳直射点逐渐向北移动，北半球白天逐渐变长，黑夜逐渐变短，所以，俗话说："吃了冬至面，一天长一线。"另外，冬至开始"数九"，冬至日也就成了"数九"的第一天。关于"数九"，民间流传的歌谣是这样说的："一九二九不出手，三九四九冰上走，五九六九，沿河看柳，七九河开，八九雁来，九九加一九，耕牛遍地走。"

民间素有"冬至大如年"的说法，可见冬至的重要性。冬至这一天，北方吃饺子，而南方吃汤圆。当然，各地食俗不同，也有例外，但以吃饺子最为常见。此外，还有"画九"习俗，所谓"画九"，就是冬至后计算春暖日期的图（一种文字消寒图，此外还有梅花、圆圈形式）。人们最初过冬至是为了庆祝新的一年的到来。因此，后来一般春节期间的祭祖、家庭聚餐等习俗，也往往出现在冬至。

公历 12 月 21 日、22 日或 23 日·冬至

冬至日独游吉祥寺①

〔宋〕苏轼②

井底微阳③回未回，
萧萧寒雨湿枯荄④。
何人更似苏夫子，
不是花⑤时肯独来。

①〔吉祥寺〕即后来的杭州广福寺，寺中牡丹最盛。在宋时，是一个名刹。此诗作于宋熙宁五年（1072）。
②〔苏轼〕（1037—1101），字子瞻，号东坡居士，眉州眉山（今四川眉山）人，北宋文学家、书画家，历史治水名人。与父苏洵、弟苏辙合称"三苏"，为唐宋八大家之一。在诗、词、散文、书、画等方面都取得了很高的成就。
③〔微阳〕阳气始生。
④〔荄（gāi）〕草根。
⑤〔花〕此处指牡丹，吉祥寺以牡丹盛名，诗人明咏世人对牡丹的态度，暗讽趋炎附势的世态人情。

公历12月21日、22日或23日·冬至

冬 至

〔唐〕杜甫

年年至日①长为客②,忽忽③穷愁泥杀人④。
江上形容⑤吾独老,天边风俗自相亲。
杖藜⑥雪后临丹壑⑦,鸣玉⑧朝来散紫宸⑨。
心折⑩此时无一寸,路迷何处见三秦⑪。

① [至日] 即冬至日。
② [长为客] 长久地成为远离亲人的羁旅之人。
③ [忽忽] 兼指精神恍惚和时光飞逝。
④ [泥(nì)杀人] 胶滞纠缠的样子。
⑤ [形容] 形体容貌。
⑥ [杖藜] 拐杖。
⑦ [丹壑] 道家所在之地。
⑧ [鸣玉] 古人在腰间佩带玉饰,行走时使之相击发声,喻指出仕在朝。
⑨ [紫宸] 唐大明宫中的紫宸殿。
⑩ [心折] 心碎。
⑪ [三秦] 原指长安附近古秦国之地。这里指代朝廷。

学习提示

两首诗都写了诗人在冬至日的感慨。《冬至日独游吉祥寺》写了苏轼在宋熙宁五年任杭州通判时冬至日独游吉祥寺所感。诗人运用了"井""寒雨""枯荄"等意象,描绘了冬至日吉祥寺寒冷的景象。一个"湿"又赋予江南冬至日生机,它不似北方完全冷冻般毫无生机。此时,万物凋零,诗人却一反常人之举,独游吉祥寺,突出了诗人"不是花时肯独来"的超然生活情趣。诗人借世人对牡丹的态度,暗讽趋炎附势之人。

《冬至》更是将杜甫长久漂泊在外的穷苦、失意和茫然描写得入木三分。首联"客"和"愁"二字展现了诗人长期居无定所的漂泊感和生活上的愁苦,直抒胸臆。颔联将诗人形象具象化了,"吾独老"与"穷愁"对应,思乡之情一览无余,更凸显诗人的孤苦。颈联运用对比手法,将诗人目前的窘况(拄杖前行)和昔日长安的热闹做对比,"穷愁"意味更为浓厚,画面感对比强烈。尾联"路迷""何处"呼之欲出的是诗人对未来人生的迷惘和忧郁。全诗风格沉郁顿挫。

这两首诗表现出诗人不同的人生境遇和生活态度,苏轼被贬仍能拥有超然脱俗的心态;杜甫弃官飘零在外却仍心系朝廷,忧国忧民。

小 寒

小寒连大吕,欢鹊垒新巢

....
唐代·元稹

公历1月5日、6日或7日·小寒

小寒是中国传统二十四节气中的第二十三个节气,通常在每年公历1月5日、6日或7日交节,也是冬季的第五个节气。小寒与大寒、小暑、大暑、处暑一样,都是表示冷暖变化的节气。

《恪遵宪度》记载:"冷气积久而为寒,小者未至于极也。"在古人眼里,寒冷是一个不断积累和发展的过程。小寒时节,正值三九隆冬之际,俗话说"冷在三九""三九出门冰上走",民间还有"小寒胜大寒"的说法,说明小寒的到来标志着天气进入一年中最寒冷的时节。

中国古代将小寒分为三候:一候雁北乡;二候鹊始巢;三候雉始雊。这是古代劳动人民对大自然的观察,对气象规律的智慧总结。

小寒时节,南京等地有吃菜饭的习俗,广东等地有早上吃糯米饭的习俗。小寒过后不几天,就是传统民间节日腊八节,所以,喝腊八粥也是小寒节气的特有风俗。

咏廿四气诗·小寒十二月节

〔唐〕元稹

小寒连大吕①，欢鹊垒②新巢。
拾食③寻河曲④，衔紫⑤绕树梢。
霜鹰近北首⑥，雊雉⑦隐丛茅。
莫怪严凝切，春冬正月交。

①〔大吕〕古代音律的名称，"大吕"出自成语"黄钟大吕"，"黄钟大吕"是中国古代十二律中的两个音律。十二律中阴、阳各六律，六阴皆称吕，其四为大吕。古人也分别用这十二律指代历法中的十二个月，黄钟对应子月也就是农历十一月，大吕对应丑月也就是农历十二月。小寒这个节气在农历中一般是在十一月末或十二月初，这也就是诗中"小寒连大吕"的含义。

②〔垒〕筑。这里写的是小寒三候中的第二候——鹊始巢。喜鹊可是筑巢高手，每逢小寒时节，喜鹊为了御寒，会垒建新巢，为即将到来的繁殖季节做准备。这里用"欢鹊"来代表喜庆和生机，也给人以温暖的感觉。

③〔拾食〕觅食。

④〔河曲〕河道弯曲的地方。

⑤〔紫〕泛指紫色树枝。

⑥〔北首〕方位词，北面，北方。

⑦〔雊（gòu）雉〕野鸡鸣叫。这里写的是小寒三候中的第三候——雉始雊。古人认为，"雉"乃文明之禽，阳鸟也；"雊"为雉鸣叫的声音。"雊雉隐丛茅"形象地描绘了冬季食物短缺，夜晚时间又比较长，野鸡在冰天雪地中会不时地发出鸣叫声。

小 寒

〔元末明初〕张昱[①]

花外东风[②]作小寒,
轻红淡白满阑干[③]。
春光不与人怜惜,
留得清明伴牡丹。

① [张昱]（1289—1371），字光弼，号一笑居士，庐陵（今江西吉安）人，元末明初诗人。擅长写景诗，诗风苍莽雄肆，著有《可闲老人集》。
② [东风] 指来自东方的风，预示着春天即将到来。
③ [阑干] 门廊的栏杆。

学习提示

运用意象来表达思想感情,是文人创作诗词常用的手法。《咏廿四气诗·小寒十二月节》通过描写小寒时节的"欢鹊""霜鹰""雉雊"等意象,展现了寒冬中的生机与活力,表达了诗人对春天即将到来的期待。《小寒》通过描写寒风瑟瑟中开满栏杆的红色、白色的花朵的意象,表达了诗人对春天美好时光的珍惜和对美好事物的留恋之情。

两首诗都通过具体的意象来表现小寒的特点。不同的是,元稹的《咏廿四气诗·小寒十二月节》通过喜鹊垒新巢、河曲拾食、衔枝绕树及霜鹰北飞、野鸡鸣叫等行为来反映冬季的寒冷和对春天的期待;而张昱的《小寒》通过描写花朵绽放时的色彩来展现冬季的生机与活力。

"诗者,志之所之也。在心为志,发言为诗。"(《毛诗序》)抒情言志是诗的天然使命,而抒情言志往往需要借助于意象。"圣人立象以尽意。"(《周易·系辞》)因此,意象在诗歌创作和鉴赏中起着至关重要的作用。

大寒

蜡树银山炫皎光，朔风独啸静三江

现代·左河水

公历 1 月 20 日或 21 日 · 大寒

大寒是中国传统二十四节气中的最后一个节气，通常在每年公历1月20日或21日交节，也是冬季的最后一个节气。大寒的到来，意味着天气寒冷到极点。

《授时通考·天时》引《三礼义宗》："大寒为中者，上形于小寒，故谓之大。……寒气之逆极，故谓大寒。"这个节气处在三九、四九时段。民谚云："小寒大寒，无风自寒。"此时，寒潮南下频繁，是我国大部分地区一年中最寒冷的时期，也是一年中雨水最少的时期，风大、低温，黄河以北积雪不化，呈现出冰天雪地、天寒地冻的严寒景象。它又是一个生机潜伏、万物蛰藏的时节，过了大寒又立春，即迎来新一年的节气轮回。

中国古代将大寒分为三候：一候鸡乳；二候征鸟厉疾；三候水泽腹坚。

大寒时节，民间有"食糯""纵饮""做牙""扫尘""糊窗""赶婚""趁墟""洗浴""贴年红"等一系列大寒迎年风俗活动。

大寒吟

〔宋〕邵雍[①]

旧雪未及消,新雪又拥户。
阶前冻银床[②],檐头冰钟乳[③]。
清日无光辉[④],烈风[⑤]正号怒[⑥]。
人口各有舌,言语不能吐。

① [邵雍]（1011—1077），字尧夫，号安乐先生，祖籍范阳（今河北涿州），幼随父迁共城（今河南辉县），隐居苏门山，北宋理学家、诗人。理学的创始人之一，象数之学的创立者。与周敦颐、张载、程颢、程颐并称"北宋五子"。

② [银床] 辘轳架。一说井栏。

③ [钟乳] 即"钟乳石"。

④ [光辉] 明亮夺目的光芒。

⑤ [烈风] 剧猛的风。

⑥ [号怒] 怒号，指风声疾厉。

和仲蒙夜坐

〔宋〕文同①

宿鸟②惊飞断雁号,独凭幽几③静尘劳。
风鸣北户霜威重,云压南山雪意高。
少睡始知茶效力,大寒须遣酒争豪。
砚冰④已合灯花⑤老,犹对群书拥敝袍。

①〔文同〕(1018—1079),字与可,号笑笑先生,人称石室先生,梓州永泰(今四川盐亭东)人,北宋画家、诗人。善诗文书画,尤擅墨竹,画竹不唯写形,且赋竹以品格,托物寄兴,抒发个人情怀。诗歌推崇梅尧臣,重视反映民间疾苦,尤其擅长描写自然景色。
②〔宿鸟〕归巢栖息的鸟儿。
③〔幽几〕幽雅的茶几。
④〔砚冰〕砚台里的墨水结成的冰。
⑤〔灯花〕灯芯燃烧时结成的花状物。

学习提示

  两首诗都通过运用修辞手法来描绘大寒时节的景象。在邵雍的《大寒吟》中,"旧雪未及消,新雪又拥户"两句运用了拟人的修辞手法,通过"拥户"这一动作,将新雪赋予人的行为特征,形象地描绘了新雪堆积在门前的情景,不仅增强了诗句的画面感,还能让读者更加生动地感受到大雪纷飞、天寒地冻的情景。《大寒吟》一诗中,诗人还运用了比喻、夸张的修辞手法。在"阶前冻银床,檐头冰钟乳"两句中,诗人用"银床""钟乳"之比喻,把大寒天气的寒冷特征描绘得栩栩如生;在"人口各有舌,言语不能吐"两句中,诗人则运用夸张的修辞手法,写出了风大、天寒、人不能言语的情景。在文同的《和仲蒙夜坐》中,"风鸣北户霜威重,云压南山雪意高"两句同样也运用了拟人的修辞手法,将自然现象"风"和"霜"赋予人的特性,使得它们能够"鸣"和"威重",将无生命的自然现象拟人化,生动形象地描绘了窗外北风呼啸,霜气肃杀,大雪将至的景象,增强了语言的表达力和感染力。

  修辞手法是诗歌创作和鉴赏中不可或缺的一部分,它既是表现诗歌语言艺术的一种手段,也是评价诗歌艺术价值的一个重要标准。在诗歌创作和鉴赏过程中,理解和运用修辞手法对于提升诗歌的艺术表现力和感染力具有重要意义。